Ⓢ新潮新書

髙崎順子
TAKASAKI Junko

フランスはどう少子化を克服したか

689

新潮社

フランスはどう少子化を克服したか◎目次

はじめに

「言っておきますが、ここは保育園ではありません。国家教育省の学習目標に沿って学び、しっかり『生徒』になってもらいます」

3歳になったばかりの長男が「保育学校」に入学したときの説明会。校長先生の発した言葉は、耳を疑うくらい衝撃的でした。国家教育省による学習目標？　まだ言葉もおぼつかない3歳児が、なにを学ぶって？

フランスでは毎年9月、その年に満3歳を迎える子供、つまり2歳9ヶ月から3歳8ヶ月の子供たちが一斉に、「保育学校」に入学します。ここはフランス国内のすべての子供が入学できる週4日半・3年制の学校です。日本の文部科学省に相当する国家教育・高等教育・研究省（以下、国家教育省）の管轄で、義務教育ではないものの教育費は無料、2015年時点の入学率はほぼ100%となっています。数少ない例外は病気の子や、親の教育方針で義務教育までは学校に行かない、という子たち。

朝8時半から夕方16時まで、3歳クラスはお昼寝がありますが、4歳からはそれもなくなって、生徒たちは読み書きの初歩や数字、体の動かし方、色の見分け方などを学びます。教える先生はもちろん、国家教員免状の保有者です。

3歳から全入の学校があるということは、3歳児以上の「待機児童」はこの国には存在しないことも意味します。

筆者はフランス人サラリーマンの夫と共稼ぎで、パリ郊外でライターを生業としています。勤務先が自宅のフリーランスとはいえ、フルタイム勤務なので、2009年と2012年に生まれた長男・次男はそれぞれ、1歳から保育園に預けてきました。保育園の定員不足はフランス、特に人口の集中している首都パリ圏でも問題となっており、預け場所の確保や送り迎えの段取り、保育料の捻出には頭をひねってきましたが、「この苦労も3歳までだから」を合言葉に乗り切ってきました。3歳になれば、あとは学校が朝から夕方まで面倒を見てくれる。保育料もかからなくなる。とにかく3歳になれば……。

そして念願の3歳がやってきて、「保育の終わり」を実感させられたのが、冒頭の言葉でした。「保育」学校とは言うものの、そこは子供たちに「保育」ではなく「教育」が提供される場所。おむつも当然取れていないといけないし、先生の言うことを聞けない子供の親たちは、入学1ヶ月を待たずに呼び出しをくらいます。各学期の終わりには、成績表も渡されるのです。実際、息子が人生で初めての成績表をもらった時は、どこか寂しい気持ちにもなったものでした。長男はもう、赤ちゃんではないんだ。3歳にして「生徒」になってしまったんだ……。

それは日本で生まれ育った筆者が、フランスで子を持って初めて感じた、大きなカルチャーショックでもありました。

フランスは過去10年、合計特殊出生率（一人の女性が生涯に産む子供の平均数）を2・0前後で維持し、「少子化対策に成功した国」と言われています。週35時間労働制で働く父親・母親が家庭で過ごせる時間を増やしながら、多角的なサポートを強化して、いつしか西欧でも指折りの「子供が産める国・育てられる国」になりました。フランス人自身もこの現象には誇らし気で、「なぜフランスは少子化の危機を乗り切れたか」（ラ・クロワ紙、2015年3月6日）のような分析記事もよく目にします。

保育学校はこうした分析の中でしばしば重要視され、この国の保育・教育関係者は「宝石のように価値のある制度」と胸を張ります。

義務教育以前の子供たちを、言語や社会性の発達が著しい3歳を境に二つの年齢層に分ける。そして上の年齢層を「教育」の枠に入れる。これは幼児教育政策であるとともに、保護者と保育業界の負担軽減策にもなっているのです。

親たちの負担を軽減する工夫は、保育学校の他にも、社会のあらゆる面で行われています。医療、経済、心理、労働。核家族化の進んだフランスで、親たちが孤立して行き詰まってしまわないよう、行政や民間が提案するサポートは本当に、いたれりつくせり。そしてそれらは実際に広く知られ、活用されているのです。

筆者自身、この国で二人の乳幼児を育てて7年経ちますが、「子供が小さいから」ということで社会的に困る場面はあまり多くありません。子供との生活はもちろん大わらわで、私も周囲の子育て家庭も、目の下にクマを作って家事と仕事を必死にこなしています。ただ、そこに不安や不便、不快を感じることが少なくて済んでいるのです。「私たちを助けるために国があり、見捨てられることはない」。前出の分析記事の中で、ある精神科医はそう断言しています。

「それって、具体的にはどうなってるの？」

「そういうやり方で問題はないの？」

フランスの子育て事情を日本の友人・知人に話すたび、十中八九そう尋ねられます。私自身も日本で育ち、日本語の育児情報を参考にしているので、「フランス式」に対する疑問や不思議は山ほどあります。それをそのつど調べたり尋ねたりするうちに、フランスの育児周辺の制度や工夫は、かなり論理的・体系的に組まれていることが見えてきました。

この国では、親と子供を助けようとする工夫がこんなにある。その裏には、こんな考え方がある。これだけのサポートがあれば、そりゃあ、産める・育てられる気になる……出生率も上がるわけだ！　フランスは今も現在進行形で、少子化を克服し続けているのです。

それは、育児当事者として感動的なまでの発見でした。そして調べ続けるうちに、むくむくと、ライター根性も盛り上がってきたのです。フランスのこういった情報をまとめて伝えたら、ひょっとして日本の方にも、興味深く読んでもらえるのではないだろうか、と。

そうしてフランスの育児システムの具体的なレポートを試みたのが、本書です。この社会はどうやって子供を育てているのか。育児関連の各分野がどんな考え方やシステムで運営されているのか。いわば「産める国・育てられる国のノウハウ集」とも言えるでしょう。

対象は、小学校で義務教育が始まる満6歳までの乳幼児に絞りました。そこには思わず膝を打ったり、すぐに日本でも使えそうという名案もあれば、「それで大丈夫なの？」と違和感を覚えるものもあります。文化も歴史も大きく違う日仏両国、安易な比較はできませんが、その違和感も含めて、フランスの現状をそのまま記すことに専念しました。また現場の空気や臨場感を伝えるため、今、フランスで育児の現場にいる人たちへのインタビューを、なるべく多く盛り込むように努めています。

折しも日本では、乳幼児保育改革のまっただ中。父親の育児参加もさかんに論じられています。待機児童問題の改善策として認定こども園が始動し、今後の方向性を模索している保育園関係の方から、「フランスはどうなんですか？」と問い合わせが来ることも増えました。読者の方も、この国を訪れ、そこで出会った人々と話をするような気分で、本書を読んでみていただければ幸いです。

本編に入る前に、この本を書きたいと思ったきっかけのお話をさせてください。

この国で育児をしながら、私は一つのことを強く感じるようになりました。それは「ここでは、子育ては大変だと認められている」ということ。こんなハードなこと、親だけでできるわけがない。だからまわりが手を貸そう。その考えが、親戚・ご近所・友達付き合いをはじめ、社会全体に行き渡っています。

バスや電車では乳幼児連れに席を譲ることが当たり前、公共の場所で子供が癇癪《かんしゃく》を起こした時にも、まわりから冷たい視線や舌打ちが飛んでくることはありません。むしろ、「大変だけど頑張って！」という温かい視線を感じます。一方で、車内に放置されたり、公園で一人でいる乳幼児がいれば、すぐ警察に通報されてしまいます。子供の親がきっと近くにいるだろう、で済ますことはせず、その場に行き会った人が子供を守る。これは西欧全体に共通する傾向ですが、子供を虐待から守るために行政と周囲が行動しなければならない、という意識が徹底しているのです。親の方も、助けてくれる手があれば身内も他人も積極的に使いますし、見知らぬ人が子供をあやしたり、いたずらを叱ることにも、強い抵抗感はないようです。

言い換えると、「親の育児能力」に対する期待が低いのです。親だけで子供を守り育てることはできないと、みなが思っている。私の友人は、娘さんが転んで目の上を腫らしてしまった時、すぐ保育学校の先生に虐待を疑われた、と苦笑まじりに話していました。そして、「それくらい、まわりが注意してくれていてちょうどいいと思う」とも。

私自身にも、こんなことがありました。長男が保育園に通い始めてすぐのころ、園で月に1回開催される「朝の保護者交流コーヒータイム」に立ち寄った時。保護者たちがお迎えついでに5分ほど足を止めて、コーヒーを飲みながら園の先生と話す気楽な集まりです。仕事に復帰したばかりでペースが摑めず、家事との両立でクタクタ、ぼんやりと立つ私にコーヒーを差し出しながら、園長先生は他の親御さんたちに、こんなことを話していました。

「子供に一番大切なのは、やっぱり親なんです。どんなにいい保育園も、親の代わりはできない。親ってそれだけ大切で、大変な役目なの。だからこそ、みんなで親を助けなくちゃいけない。親が子供と幸せでいられることが、子供にとっては一番なのよ。だからみなさんも、遠慮しないでいろいろ話して下さいね！　私たちは、あなたたちを助けるためにもいるんですからね」

目頭がぐーっと熱くなり、コーヒーをすすりながら、「ここでなら、私にも子供を育てられる」と心強く感じたのを覚えています。

この本は、そうして助けられながらなんとか育児をしている私自身の覚書でもあります。助けられたことを記録し、まわりに伝えて、次に繋げたい——そんな気持ちに、最後までお付き合いいただければ幸甚です。

第1章　男を2週間で父親にする

あちこちに子連れパパが

ある週末の、スーパーのレジ。私と同じ列で4組ほどの子連れ客が並んでいましたが、そのすべてが「父と子」の組み合わせだったことがありました。

「この国はやっぱり、子連れの男性が多いんだ……！」

フランスに住んで10年近く、それまでまったく意識していなかったのに、自分が当事者になってみると、社会になんと「パパ」の多いこと！　保育園や学校への送迎、スーパーの買い物、公園での外遊び、ＰＴＡの会合、多目的トイレのおむつ替えルーム、図書館にプール、週末の朝のパン屋さん。子供と手をつないで、買い物袋を抱えつつ、スーツでベビーカーを押す。そんなお父さんの姿が、あちこちに見られます。

この国では、父親の育児参加は当たり前の現象です。私の夫も日本に帰省すると「超いいパパ！」と友人知人から賞賛を浴びるのですが、それを聞いて誇らし気な夫の横で、私は軽く違和感を覚えてしまいます。

夫も息子たちの親なのだから世話はできて当たり前だし、まして我が家は共稼ぎで家事・育児も分担制。実際、夫程度に育児をしているお父さんは、まわりにいくらでもいるのです。こう書き連ねてみると、我ながら感じが悪いですが、これはこちらの母親たちの平均的な意見でもあります。そのくらい、今の20代～40代のフランス人男性は普通に子育てをしているのです。

「母親より父親の方が寝かしつけがうまい」「いつもお父さんが送り迎えをしているから、たまにお母さんが行くと珍しがられる」「おむつ替えはお父さんの方が手早い」という話もよく聞きます。

ですから、フランス語には「イクメン」に当たる言葉はありません。その代わりがパパ・プール（めんどりパパ）という表現ですが、ここには、子供の世話をものすごくするお父さんというニュアンスが含まれているくらいなのです。

でも、彼らだって最初から「育児をする父親」だったわけではありません。

女性は９ヶ月の妊娠期間中、体から否応無く「母」に変わることを自覚していきますが、大多数の男性たちは、子供をその手に抱く日まで「自分は父親なんだ」と体感できる機会がなかった、と言います。しかも妊娠中はパートナーの女性ともども、出産という人生の一大イベントに気が向きすぎて、その直後から子育ての毎日が始まる、というところまで考えが及ばないのが現実です。

おまけにフランスはカップル社会で、友人との食事会やレジャーに行くのもカップル単位。男も女もお互いこそが「最優先するべき相手」と認めた上でお付き合いします。他国で「理想の恋人はフレンチ・ラバー」なんて言われるほど、カップルを大切にする文化に育った彼らにとって、その間を割ってくる子供の到来はなかなかにハードな出来事でもある。そんななか、男性たちはどうやって「いい父親」にシフトしていくのでしょうか。

こちらではこの「男を父親にする」作業が、とても意識的に行われています。その代表が、出産後に2週間取得できる「男の産休」。短期集中合宿よろしく、パパ・トレーニングを行う期間です。

14日間の「男の産休」

赤ちゃんの誕生後、サラリーマンの父親には3日間の出産有給休暇（Le congé de la naissance）があります。原型となる法律は1946年に制定された、由緒正しき有給休暇です。休暇中の給与はもちろん、雇い主が負担します。拒んだ雇い主には罰金があり、取得率はほぼ100％。フランスでの出産入院は通常3泊4日程度なので、経過が良ければ、妻の入院中の時間をまるまる一緒に過ごし、退院にも同行できます。

この3日間が、お父さんトレーニングの本格的な第一歩。沐浴やおむつかえなど、入院中に助産師指導で進められるスケジュールは、父親の来院時間に合わせて組まれています。目標は退院時、父親も母親と同じくらい赤ちゃんのお世話をできるようになること。ミルク育児を選んだ家庭ではもちろん、ミルク作りや授乳のコツなども、父母が揃って教わります。

大部分の産婦人科は「家族の宿泊お断り」で、こちらには里帰り出産の風習も無いので、父親たちはこの3日間を家事と産婦人科通いで過ごすことになります。赤ちゃんと妻の洗濯物を持ち帰り、買い物と食事の支度をし、退院までにベビーベッドを組み立てて、家の掃除もして……。

出産有給休暇が終わった男性には、今度は11日連続の「子供の受け入れ及び父親休暇」（Le congé de paternité et d'accueil de l'enfant）が待っています。二つの休暇を合わせた2週間が、一般的な「男の産休」です。父親休暇は労働法と社会保険法に定められた制度で、これも雇用主が拒むことはできません。正しく運用しなかった場合は、雇用主に対する罰則もあります。

２００２年の施行からすばやく社会に浸透し、２０１２年には新生児の父親の約７割が取得したといいます。取らない３割は時間に融通のきく自営業者が中心で、「わざわざ産休を取らなくても、仕事時間を自主的に加減して出産に備えよう」と考える人たち。対象を公務員に限った場合、取得率はほぼ9割に達しているそうです。

ではこの休暇中、給与はどうなっているのでしょうか。３日間の出産有休は雇用主負担ですが、11日連続の「子供の受け入れ及び父親休暇」は、給与明細上では無給休暇扱い。が、それが実質的に有給休暇になるように、国の社会保険から休暇中の所得分が支給される仕組みになっています。その額は休暇前給料の日給相当額（２０１６年1月現在で1日83・58ユーロが上限）の11日分。つまり父親の産休2週間のうち、３日間は雇用主が、11日間は国がまかない、有給休暇とされていることになります。

失業中や職業訓練中でも取れ、養子縁組で子を迎えるときでも取得可能。休暇は11日連続で取得することを条件に、子供が生後4ヶ月になるまでいつでも取れますが、出産有休と合わせて2週間連続の休みとする人が多数派です。

「赤ちゃんと知り合う時間」

退院後、赤ちゃんを家に迎えてからの数週間は、親にとって文字通り手探りの時間。何もかもが初体験の連続で不安で一杯、とにかく赤ちゃんのリズムに合わせて過ごすしかありません。泣いたら授乳し、おむつをかえて、それでもダメならだっこであやして。次第に、その赤ちゃんのリズムや、好きなだっこのポジションなんかが分かってくる——この時期をフランスでは「赤ちゃんと知り合う時間」と言います。私自身、産院での出産準備クラス（両親学級）や産後の助産師指導で初めて耳にしました。日本の妊娠・出産情報では見聞きしないので、個人的にとても印象に残っています。

その大切な時間を一緒に過ごすことで、ときに笑い、ときにぶつかりながら、男女のカップルは父親と母親になっていくのです。

「ウチのパートナーは、あの2週間でがらっと変わったわね」

友人の一人が話してくれたことがありました。彼女は弁護士、パートナーは地方公務員のフルタイム共働きで、両方の実家はパリから電車で4時間のところにあるという、典型的な核家族です。

「妊娠中はやっぱり、『産むのは君だから』みたいなところがあったのよね。彼は育児本も読まなかったし、産婦人科の出産準備クラスに行くことも無かった。でも産休中の2週間、夜の授乳を私がやって、昼の世話は彼に任せていたの。産後の私の体調がぼろぼろだったしね。入院中に一通りのお世話を習っていたから、できちゃうもんなのよ。それで7年目の今では、パパとしては本当に文句なし。今考えても、あの2週間はありがたかったわね」

「人生で一番大切な時間だった」と振り返る父親もいます。妊娠が分かったとき、銀行勤務で20代後半だった男性はパートナーをパリに残して、車で2時間の地方都市に単身赴任中でした。週末に帰宅するたび、彼女のお腹がどんどん膨らんでいっても、自分が父親になる自覚はまったく湧かなかった、と言います。

「子供はずっと欲しかったけど、妊娠中はすべてがバーチャルでふわふわ、こんな風で大丈夫なのかな、と思ってました。でも娘が産まれて手にした瞬間から、現実がどん！

と重く実感されましたね。産休期間はずっと、自分が父親になったことを確認していくような気分でした。

子供は陶器の花瓶みたいにすぐ壊れそうに見えて、最初は服に腕を通すだけでもパニックでしたよ。ちょっとしたことでも、僕には事の重大さが分からないんですから！でもそれを毎日やっていくことで慣れて、自分に自信がついていく。僕は他の有休も組み合わせて、結局1ヶ月の休暇にしたんですが、休みが明ける頃には、もう一日中一人で子供の世話ができるようになっていました。あの休暇で自分は、意識も行動も『父親』になったんだと思っています。

あの休みを取らなかったとしたら？……うーん、考えられない。僕のことだけではなく、産後のパートナーをしっかり休ませる意味でも、最初の数週間は僕が家にいる必要があったから。それに、どんなに結びつきの強いカップルでも、子供が来たとたん、関係が変わりますしね。二人きりだったのが、子供とそれに関わるすべてを分担し合う仲に変わるんですから、小さなことでも二人でみっちり話し合って、確認しながらやっていくことが大切なんじゃないかな、と」

そうして意識的に過ごしても、新しい家族のバランスとリズムが出来上がった、と感じるまでには、1年くらいはかかったそうです。

毎晩ゲーム機に向かった夫

我が家でも会社員の夫が2週間まとめての産休を取りましたが、あれは本当に大きな節目でした。長男の世話をしながら、「小さすぎて、壊しちゃいそうだー」と連発していた夫。ある日はお風呂に入れながら、「この子ってほんとに、俺たちがいないと何もできないんだな」としみじみ呟いていました。思い返せば感動的な場面がたくさんあったものの、すべてが順調だったわけではありませんでした。

ある日、夜間授乳で疲労の限界だった私の堪忍袋の緒が切れたのです。きっかけは、夫の「何を手伝えばいいの？」の一言でした。

ここは二人の大人が住む家で、この子は二人の子なのに、「手伝う」という考え方はおかしい！　自分で考えて動いてよ！

夫は夫で、「善意から言っているのに、なんだよ」と返し、それまでの付き合いで、一番険悪な時間を過ごしたものでした。長男が寝ると、殻に閉じこもるようにゲーム機に向かってしまう夫の背中を見て、「赤ちゃんがいる家って、幸せなんじゃなかったっけ」と深く悲しくなった思い出もあります。とはいえ夫も産休中なので、その後も毎日家にいる。赤ちゃんのお世話もノンストップでこなさないといけない。できるだけ互いが互いの負担にならず、親としての新しい現実を暮らしていくためにはどうしたらいいのか。初めて、真剣に話し合いました。そして産休明けの朝。

夫は長男をぎゅーっと抱きしめて、その後に私の肩を抱き、「俺だけ先に仕事に出て、ごめんな。ありがとう」と言って出勤しました。産後のホルモンバランスの激動で感情的になっていた私は、温かい言葉に再び号泣しつつ、長男とともに夫を見送りました。そうして、私たちの「初めの2週間」は幕を閉じたのです。あの濃密な期間は、私たち夫婦の大きな転換期だったと、今でも時々思い返します。

妻と時間差で取る産休

誕生直後に2週間の産休を取得するのが多数派で、その評判もよいですが、違うやり方をする父親たちもいます。11日間の父親休暇を出産有休とあえて組み合わせず、法で定められた母親の産休期間明けに取得し、子供が保育園に入るのを少しでも遅らせる、というやり方です。出版社勤務で二人の子を持つ共働き男性は、この方法をとった一人でした。

「妻の両親が産後すぐに手伝いに来てくれたのでできたことですが、僕たち夫婦にとっては、男の産休を遅らせるのはよかったように思います。生後2ヶ月半の間、平日は妻が、週末は僕が主に子供を見て、家族全体が新生活に慣れてきた頃に、僕の11日間の休暇がやって来た。この期間で、僕の父親スキルは段違いに上がりましたよ。それまで週1回習っていたスポーツで、11日間の強化合宿に参加したような感じです。逃げられない環境で毎日やるしかないから、動作を忘れずに、日々要領が良くなる。

子供も2ヶ月半になると、授乳や睡眠のリズムができていて、男一人でもぐっと世話がしやすくなりますしね。妻の方も、久々の仕事で疲れているけれど、夜の授乳や夜泣きを僕に任せてしっかり睡眠が取れる、というメリットがありました」

父親産休を取らなかった人たちにも話を聞きたいと探してみましたが、これまで、一人も話をしてくれる人はいませんでした。もともと少数派であることに加え、そういう男性は自分の父親経験を話すことを嫌がるので、頼んでも聞かせてくれないのでは？という意見も。また知人の一人からは、産休を取らなかった父親を一人知っているけど、とても紹介できない、と言われました。

「彼は分娩にも立ち会わなかったし、父親の自覚が薄い人だから。自分の子供と一緒にいられる休暇があるのに、それを取らないってことで、いろいろ分かるでしょう？」

父親が産休を取るか取らないかは、今やその家族関係のバロメーターにもなっているようです。そしてもちろん、父親産休を取っても赤ちゃんの世話には関わらず、休暇気分で過ごす人がいることも、十分に考えられます。

一方で、2週間という期間に関しては、いまだ議論は活発に行われています。社会保障関係者からは「十分ではない。父親の産休を1ヶ月に延長し、義務化すべき」という意見も出ています。

父親産休を受け入れる、職場の考え方

働きざかりの父親が突然14日連続の休みを取るなんて、現実問題どうやって？　と、不思議に思われる読者の方も多いかもしれません。大前提としてフランスは週35時間労働制で、日本に比べて仕事の考え方がスローペースということがあります。それにしたって、という気持ちが私自身にも募り、可能な範囲のヒアリングを試みました。すると、職種・業種問わず全員から、同じ答えが返って来たのです。

「そりゃ、人生で一番大切なことだから！」

今の雇用現場で「子供の出産で父親が休むこと」はほぼ、絶対不可侵の神聖な休暇と捉えられているそうです。前述の銀行勤務の男性は、参加したプロジェクトの男性リーダーが産休に入ったときの経験を語ってくれました。

「リーダーはプロジェクトの全貌を知っている唯一の人で、彼がいなければ仕事が回らないくらいの立場だった。けれども奥さんの妊娠はチームのみんなが早いうちに聞いていたし、予定日の１ヶ月前にリーダーが『妻が臨月に入った。もう私はいつ産休に入るか分からないから、みんなそのつもりでいるように』と話したら、誰も異を唱える人はいなかったよ。それでちょっとくらい遅れが出ても、出産に比べたら大したことではないからね。お客さんもその説明で分かってくれるんだ。

　僕自身の時にも、同僚の対応は同じような感じだった。妻から陣痛開始の電話があったのは、僕が発表をする大切な会議を控えた朝だったんだ。つい、『区切りのいいところまで仕事をしていこう』とデスクに座り直したら、課長に怒鳴られた。『何やってんだ、子供の出産より大事なものなんてないだろう！　あとはやっておくから早く帰れ！』とね」

とはいえ、それで職場にかかる迷惑は最小限であるように、事前の根回しや引き継ぎはしっかり行うのが暗黙のルール、と言います。また職場への産休申請は、他の休暇とは別個に書面で行うようにと、法律で定められています。具体的には、開始の1ヶ月前までに休職開始日・終了日を署名入り・書留で雇い主に送らなくてはなりません。

雇い主はこの申請を拒否することはできず、休暇明けには休み前と同じか、同程度のポストを維持する義務があります。とはいえ出産日は予測できないものなので、出産予定日を仮の開始日として1ヶ月前までに申請しつつ、実際の出産日の3日後（出産有休明け）から父親休暇を開始、誤差は雇用主もご祝儀で黙認するというのが現状です。

もちろん、父親の産休に寛容なフランスにも、子供のいない勤め人たちはいます。フランス人男性の第一子誕生年齢はここ20年近く、31〜33歳前後で推移しているので、男の産休のなかった世代（50〜60代）の父親たちもまだまだ現役。彼らは現在の父親産休をどう捉えているのでしょうか。

「50代以上のおじさんたちは、30代の僕たちが産休を取っている姿を見て、『男がどんどん去勢されていくなぁ！』なんて冗談めかして言ったりもしますけどね。子育ての当事者でない人たちには、今の子持ちは優遇されてていいねという気持ちは当然あると、僕の職場でも感じます。でも口や態度に出すことはない。それは大人として恥ずかしいことなんです。子供は社会に必要な存在ですから」

そう答えるのは、前出の出版社勤務の男性。またそのベースには、個人の違いを尊重する考え方もあるのでは、と分析します。

「僕の部署には不妊に悩む女性がいて、同僚の産休や出産祝いの話になると必ずネガティブな一言を漏らします。あの態度は大人げない、と陰で言う人もいるけれど、表立ってはみんな、彼女をそっとしておく。今のフランスではある年齢以上のカップルが子供を持つのは自然な流れになっていて、子供を持たないカップルの多くは『できないから』。その苦しさがああいう態度にさせると、みんな分かっている。彼女自身も『子供がいる人はいいわよね！』『子供のいない人に配慮できないのかしら』とストレートな言い方をしますが、独り言のように呟くだけで、個人攻撃はしません。お互いの事情を尊重しあうのは、子供がいようがいまいが関係ない、大人のルールなんです」

家族政策の転換

フランスの父親の育児参加が本格化したのは、２０００年代のはじめです。11日間産休制度が施行されたもの2002年1月からと、そう遠い昔ではありません。なぜこれほど短期間に変化が起きたのでしょうか。その大きな要因の一つは、やはり核家族化と言われています。パリ市内の公立病院産婦人科で、無料の情報提供・相談窓口「親になる準備のサポート・スペース」を運営している小児看護師サンドラ・カゼリオさんも同じ意見でした。

「今のお母さんたちは小さい頃から核家族で、赤ちゃんに触ったことも無いまま自分が親になるのよ。それに、実の家族とも離れて暮らしているでしょう？　出産のときはお祝いにきてくれても、そのあと日常に戻ったら、家族も元の生活に帰ってしまう。産後の体とホルモンバランスで、見たことも触ったことも無い新生児のお世話を一人でするのは、そりゃあハードよね。そんな状況で誰がお母さんをサポートできるかというと、一番はやっぱり、パートナーである子供の父親なのよ」

もう一つには、経済的な要因があります。第二次大戦後、女性が労働力として社会に出るようになってから、先進国のほとんどで出生率がくっと落ちていきました。フランスもしかり、1970年代半ばまでは出生率2・00以上（人口が減らず、国の大きさを維持できる指標）をキープしてきましたが、70年代後半に2を割り、1993年に

1・66まで落ち込んでしまった過去があります（ＯＥＣＤデータより）。働きながら子供を産み、育てることの難しさは、今に始まったことではないのです。両立が難しくなった時、女性は子供を持つことより、キャリアの継続を選ぶという傾向も、この数字が明らかにしました。

そのような世相を受けてフランス政府は90年代より、「男女がもっと平等に、仕事と家庭、両方の責任をよりよく果たせること」を掲げ、家族政策を方向転換していきます。その代表例が、１９９７年アラン・ジュペ内閣時代に公表された労働省の報告書『包括的な家族政策のために』でした。家庭内での親の役目の再評価や、「家族の時間」を作ることの必要性を説いています。それまでフランスでは、子持ち家庭向け政策は補助金の充実を柱としていましたが、この時期を境に育休制度や、家庭内での男女同権を進める制度が増えていきます。子育てのサポートを提供し、母親が出産後も働き続けられるようにすべし、そのためには父親も家庭に参加せねばならぬ、と明確に打ち出したのです。この傾向は出生率が回復した今も続き、フランス社会保険の家族政策に関する資料では、「仕事と家庭の両立」を柱に掲げ、その理由をこのように表現しています。

今日女性の就業率が高い国は、高い出生率を示している。親たちが子供の教育にしっかり携われるような方策を提案し、女性を職に留まらせておくことは、出生率を高い数字で維持し、長期的には世代の更新に貢献し、ひいては経済成長、社会制度の安定にも繋がるのである。

（「フランス社会保険、効率・質の向上計画」2012年より、著者訳）

その新しい家族政策の目玉が、2002年に始まった「父親の産休」。施行されたときの家族・児童・障害者大臣は、後にフランス大統領選にも出馬する女性政治家セゴレーヌ・ロワイヤルでした。フランスのさらなる発展のためには母親が仕事を続けるべきで、そのためには父親にももっと育児をしてもらわねばならないというメッセージが、明確に示されたのです。

ただフランスでは、「国のために人口を増やそう！　子供を産もう」とストレートに主張されることはありません。子を持つか否かはあくまで「家族の自由な選択」であり、国家はそこに介入しない前提があります。官報や報告書でもこの点はデリケートに扱われ、「人口増加」の言葉の代わりに「出生率の維持」「世代の更新」という表現が使われます。

このような政府の方針には財界もおおむね呼応しており、父親の産休に対する見解は好意的です。経営者向けの専門誌『会社経営者』は「父親産休、賛成？　反対？」と題して特集を組み（2011年7月1日発信）、「男女の雇用機会均等の観点から」支持する、というフランスの経営者組合（日本の経団連に当たる組織）の姿勢を報じました。

その一方で、企業の社会的責任を研究する機関の「実施には公的援助が不可欠」という意見や、中小企業経営者の「15日ならいいけれど、それ以上はどうやって手当や欠員をカバーするの？」「（2002年に施行した）週35時間労働法だっていまだに必死で対応しているのに、そのうえ産休義務化は破滅の道よ！」といった現実的なコメントを紹介。父親の産休に対して積極的で寛容ではあるけれど、完全に一枚岩ではないフランス社会の側面も窺わせています。

育児の先生は助産師

このようにして、ここ10年で育児の現場に躍り出ることになったフランスの父親たち。歴史が浅い上に前例のない「お父さんの育児」をサポートする第一の存在が、助産師です。赤ちゃん誕生後の入院期間中、産婦人科でお世話のイロハを教える他、誕生前の妊娠期間にも、「男を父親にする」いろいろな活動をしています。

フランスの助産師は、上級の医療専門職。日本では看護師の延長線上に助産師の資格がありますが、フランスではまったく別のカテゴリーです。高校卒業後、医師や薬剤師・歯科医志望者と同じ学校で初期医療教育を1年間受けた後、選抜試験を突破して助産師学校に入学、そこで4年間の専門教育を経て、助産師資格を得ます。

意外に思われるかもしれませんが、フランスには助産院がほとんどありません。出産は周産期医療として9割以上が病院で行われ、そのうちリスクの少ない出産は助産師が担当します。彼らはいわば、産科病棟では産婦人科医より存在感がある、出産まわりのプロフェッショナルです。私の2度の出産でも分娩室に産婦人科医の立ち会いはなく、助産師がチームを統率していました。

「父親のサポートを行うことは、助産師の仕事の一つなんです」

パリ市内の助産師学校で教鞭をとる助産師キャロリーヌ・フランツ＝ボットさんは言います。

「助産師の仕事は大きく分けて、二つ。陣痛の痛みをやわらげつつ無事に分娩させることと、親たちに寄り添うこと。妊婦健診や出産に関する医療技術はもちろんですが、それと同じくらい、父母の心理面をケアする技術も必要なんです。特に父親のケアの重要性は、年々上がっているように感じますね。今年の全国助産師学会では、心理学者による『現代の父性について』の発表もありました」

私の妊娠時にも、健診の他に助産師さんたちが運営する「出産準備クラス」があり、父親と母親が二人で参加する回が準備されていました。仕事帰りにスーツで参加している男性陣は、頼りなげだったり、逆に「あなたが産むんですか？」と聞きたくなるくらいの熱心さでメモを取っていたり。臨月のお腹を抱えた50組以上のカップルが居並ぶ風景は圧巻で、とても印象に残っています。

フランスの出産準備クラスは、国の高等医療審議会が監督していて、正式名称は「子の誕生と親になるにあたっての準備クラス」と言います。運営に関しては、審議会が助産師を対象に詳細な勧告書を作成。そしてその勧告書には、このクラスが妊婦だけではなく、そのパートナーの男性も対象としていることが明記されているのです。クラスの目的として、以下の項目が記されています。

・出産を控えたカップルに、子の誕生とその子を迎えるための準備を促す。クラスは授業方式で行い、各母親・父親の必要と要望に対応する
・出産に伴い、カップル間で起こりそうな問題を、事前に探知する
・それぞれのカップルに寄り添う。カップルに弱点があり、誕生する子との親子関係に問題が発生する可能性が見られる場合は事前にスクリーニングし、対応する
・情報や指標を与え、カップルが「親になる」作業を支援する。親子関係の構築や、子供が育つために必要な物資、教育、愛情面での必要性などについて
・妊婦とそのパートナーをめぐる、産前・産後の医療関係者の連携を推進する
(高等医療審議会「出産および親になる準備に関する従事者への勧告書」2005年より、著者訳)

私自身の出産から数年経った今ではもっと進んでいて、父親限定のクラスも増えています。その主催者の一人が、男性助産師のブノワ・ルゴエデックさん。通常業務のお産の他、お父さん向けの育児書を執筆する、父親育児業界の第一人者的存在です。「妊娠中のパートナーと人前に出ると、男は素でいられないんですよ。『妊婦の添えも

の』としてひっそり息を潜めるか、『メスを守るオス』モードが発動して、妙にエラそうにふるまってしまうか。それが男だけの会では、純粋に『これから父親になる人』という当事者になれる。オスモードも外れるから、不安や疑問もより気軽に口にできます。男が父親になるためには、まさにこの不安と疑問に向き合わなくちゃいけない。だから、父親の出産準備クラスは男だけでやることが大切なんです」

父親にも産後うつが

ルゴエデックさんは、助産師の奥さんとの間に5人の子供を持つ父親。我が子の出産に5回立ち会った思い出と、25年以上お産を仕事にしてきた経験から、「男を父親にする」ことの難しさと、そこに求められるサポートの大切さを痛感していると言います。

「一人目の子供の立ち会い出産をしたとき、分娩室で、医療関係者のみんなが母親しか見ていないことに気付いたんです。たまに誰かこっちを向いてくれる人がいても、『まだ産まれないから、コーヒーでも飲んできたら?』と追い出されるか、『ほら、奥さんを支えてあげて!』と怒られるか。でも、実際にどうやって奥さんを支えたらいいのかは、誰も教えてくれない。これは寂しい、父親って孤独だな、と感じました。それで、自分がお産を担当するとき、意識してお父さんたちに声をかけるようにしたんです。奥さんの肩をこうやって抱いてあげて下さい、と具体的に指示したり、不安そうに立っているときには背中をポンポン、と叩いて声をかけたり」

そこで男性たちの表情がみるみる変わるのを見たのが、父親向けの活動をはじめるきっかけになったそうです。最初の父親準備クラスを行ったのは、今からちょうど20年前。今は毎月第一木曜日、パリ市内の産婦人科で予約なし・自由参加で開催し、最大20人くらいが集まる会になっています。

「会ではまず軽く自己紹介して、疑問や不安をざっくばらんに言い合います。女性が聞いたら怒るような発言も出てくるけれど、いいんです。その気持ちを否定せず、受け止めることが第一歩。それから出産後の生活の変化について話します。

赤ちゃんのいる生活とはどんなものか。カップルの関係はどう変わるか。具体的なお世話のノウハウは産後の入院中に学べるので、ここではメンタル面にポイントを置きます。そのあとは、子供の生態について。赤ちゃんや子供とはこういう生き物であって、あなたはこれから、彼らの生命や成長に責任がある、と話す。最後に、分娩室での具体的な振る舞い方。陣痛の仕組みを教えながらその痛さの度合いをイメージさせて、それに対して男は何ができるのか。分娩台のどこに立って、どんなことをすればいいのか。陣痛緩和のポーズやマッサージ法なども教えます」

聞いていて、我が夫も出産前にこのクラスに通わせたかった、と悔やむほどの充実度です。思わずため息をつくと、「それだけ、男が父親になるのは大変なことなんですよ」とルゴエデックさんは続けました。

「男性にも8％くらい産後うつがあるって、知っていますか？　それにフランスでは、第一子誕生後の離婚がとても多いんです。父親が新しい人生にうまく適応できないことが原因の一つと言われています。でも、父親になるってやっぱり、素敵なこと。僕の周囲の育児中の父親たちはみんな、自分が『育児をするお父さん』であることに満足しています。その数を増やすには、父親が本音で話して学べる居場所が必要なんです。自分でパパ友と話せばいいって？　いやいや、男は友達同士では弱音を吐いたりしないものですから！」

父親になるのは、素敵なこと。前出の出版社勤務の男性は、「妻が間に入らない、子供と自分だけの関係があることがとても嬉しい」と言っていました。「名実ともに父親になれたおかげで、自分の人生を受け入れることができた。それまでは、自分の生きている意味や役割が分からなくなることがあった」とも。彼がその心境に至ることができたのは、彼自身の自覚や努力の他に、それが許される環境があったから、でもあります。父親に育児をさせなくてはいけない。でも「育児をする父親になる」ことは難しい。だからそれをサポートしようと、国や医療が動く――日本人の私の感覚からするととても進んでいるように見えますが、それでもまだまだやるべきことがある、とルゴエデックさんは首を振ります。たとえば、男の産休2週間を権利ではなく義務にすること。男性も女性と同じ長さの産休を取れるようにすること。産後の入院中、父親も母親と同じ場所に宿泊できるようにすること。そして、妊娠期間中に男性の助産師面談を一度は義務化し、面談料を国の医療保険でカバーすること。

「父親としての心の準備を始めるきっかけにする他にも、問題が発生しそうなカップルのスクリーニングの機会になります。時期は妊娠4ヶ月目くらい。これだけ時間があれば、出産前にカウンセリングで対応する時間が取れますからね。この案は助産師仲間と具体的に話し合っていて、健康省大臣に提案しようとしているんです」

分担育児の行き過ぎ

「父親の居場所を作る」。この言葉は、他の育児関係者たちと話している時にも多く出てきました。今やフランスでは、父親は育児を「手伝う」のではなく、自分なりのポジションに立って育児に「携わる」意識ができているようです。

「でも、それもよしあしなんですよ」とため息をつくのは、「親になる準備のサポート・スペース」を運営しているカゼリオさん。

「たとえば母乳かミルクかを決める時。医学的にも栄養学的にも母乳が望ましい、という世界保健機関の見解があるけれど、母親の仕事の状況や考え方の違いもあるから、フランスではこの点は『母親の選択に任せる』が医療関係者のセオリーです。最近はここに父親が介入してきて、『夫がどうしても授乳したいっていうから、ミルクにします。母乳もちょっと考えたんですが……』ってお母さんが増えているんですよ。それってどうなのかしら、行き過ぎじゃないかしら、って感じることは、正直ありますね」

前述の男性助産師も、父親たちをサポートしつつ、その現状には少々厳しい目を向けていました。

「家事・育児をやると言っても、結局、自分がやりたいことしか男はやらないからね。子供の送迎とか、公園遊びに付き合うとか。ママと子供を公園に行かせて、自分はその間に掃除と洗濯をするお父さんなんて、まだまだいないもんですよ。面倒な家事はパートナーまかせですから」

数年前、「家事の分担調査」がひとしきり話題になったことがありました。国立統計経済研究所が、成人男女が家事にかける時間を世帯種類別に調べたもので、「子供のいる男性は家事の3分の1を担っている」というデータが出たのです。すごい、3分の1も！　と興味を持って調査結果を見たところ、男性が受け持つ家事の多くは「半余暇」と言われるものでした。その内容は、犬の散歩・庭仕事・日曜大工など。次ページの表で見てみましょう。

この調査には「共働き家庭か否か」のクロス集計がありませんでしたが、子持ち女性の大半が仕事を持っている現状から考えると、その点はあまり重要視されていないのでしょう。

家事別に見ると、男性が女性の時間数を上回っているのは「半余暇」、ほぼ同時間は「書類・支払など」で、あとは女性の方が家事負担が大きいことが分かります。女性が時間をかける家事は、どの家族構成でもほぼ料理・掃除が1位と2位。この二つで、家事全体のほぼ半数を占めています。男性で最も比率が高い家事は「半余暇」で、一人親

子持ち家庭の家事時間調査（１日平均、単位＝分）

	家事全体		料理		掃除		洗濯	
親の性別	男合計	女合計	男	女	男	女	男	女
家族構成								
一人親家庭	79 (−)	155 (−)	17／③	41／❷	19／②	46／❶	2／⑦	11／❻
子供１人・両親家庭	102 (35.7%)	184 (64.3%)	14／④	51／❷	16／③	53／❶	1／⑦	16／❺
子供２人・両親家庭	87 (34.5%)	165 (65.5%)	13／④	42／❷	17／②	47／❶	1／⑦	17／❹
子供３人以上・両親家庭	81 (32.4%)	169 (67.6%)	11／④	47／❷	14／②	52／❶	1／⑦	14／❺

（上図から続く）	食器洗い		買い物		書類・支払など		半余暇	
親の性別	男	女	男	女	男	女	男	女
家族構成								
一人親家庭	6／⑤	15／❹	12／④	25／❸	3／⑥	5／❼	*20／① (25.3%)*	12／❺
子供１人・両親家庭	7／⑥	18／❹	17／②	25／❸	8／⑤	9／❼	*39／① (38.2%)*	12／❻
子供２人・両親家庭	6／⑤	16／❺	14／③	24／❸	5／⑥	6／❼	*31／① (35.6%)*	13／❻
子供３人以上・両親家庭	6／⑤	18／❹	12／③	24／❸	6／⑤	4／❼	*31／① (38.3%)*	10／❻

＊家事全体の項目の％は、男女合計時間における各性別の占める割合（作成：筆者）
＊丸内の数字は、男女それぞれにおける担当時間の順位（作成：筆者）
＊斜体数字は家事項目内で男が女の時間数を上回っているもの
出典：国立統計経済研究所「時間配分調査」2009・2010年
Insee, enquête Emploi du temps 2009-2010

以外は、家事全体にかける時間の30％以上をこの項目が占めています。「自分のやりたい家事しか男はやらない」「面倒な家事はパートナーまかせ」という前述の男性助産師の言葉を、この数値がはっきりと裏付けていると言えます。

とはいえこの現状には、女性側の思惑もないわけではありません。

「男の人に家事をやらせるには、やりたいことを選ばせるのがコツよね」

かなり家事をやってくれるパートナーを持つ友人の一人が、そう言っていました。

「こっちがやってほしいことを頼むのではなくて、『家事のどれだったらやりたい？』って聞くのよ。得意なことなら苦痛じゃないだろうし、イヤイヤやられても、あとで私がやり直したら二度手間になるでしょう。あと、相手の分担の家事には口出ししない。ウチはそれで、床掃除とアイロンがけはうまくやってくれるようになったわよ」

ただ分担するのではなく、女性側がうまく「やらせる工夫」をしているのね、と感心したのを覚えています。父親の家事が「半余暇」に集中するのは、分担に関する母親サイドの戦略も関係しているのかもしれません。

またフランスは日本よりも家政婦を雇うことが一般的で、派遣会社に頼まずとも、近所のおばさんにちょっとお願いする、という気軽なワークシェアが行われています。週

1回・2時間で月1万5千円程度から頼めるので、家事をするくらいならその値段を払おう、と考える人も多いです。

育休男性はわずか2％

産休、家事の他に、父親の育児参加で話題になるのが育児休暇です。フランスではサラリーマンであれば男女関係なく、最長2年の育児休暇を取る権利があります。これは前述した3日間の父親産休・11日間の父親休暇とは別のもの。取得状況もこの二つの休暇とは大きく異なり、男性の取得率はたったの2％に留まっています。

育児休暇を取得するのは主に女性で、子供の誕生後、職や勤務形態を変えた人は、父親は10人に1人に対し、母親は2人に1人というデータもあります。このような数字を前に、フランスの父親の育児参加はまだまだ足りないというのが、こちらでの一般的な認識です。

加えてこの国には、フランス革命の時代から数百年変わらない「自由・平等・友愛」の理念があります。この理念は公立学校の門前には必ず掲げられており、10歳の子供でも諳《そら》んじれるほど浸透しているもの。いかなる家事育児労働の前でも、男女は平等でなければならないのです。その前では、3分の1などまだまだ甘い！　男の育休取得率2％は異常事態！　と、社会党フランソワ・オランド大統領率いる現政府は特に男女平等に力を入れていて、大統領はある演説でこのように述べてもいました。

「女性の自由、平等、尊厳。これは普遍的な大義です。私たちを『フランス共和国』たらしめている偉大な大義の一つです。1日限りの約束ではありません。1年限りの戦いでもないのです」

（2013年3月7日、女男平等の集いにおける大統領演説より抜粋、著者訳）

オランド大統領は就任直後より、閣僚の男女比をほぼ1対1で揃えています。続いて首相室付きで「女男平等のための高等審議会」という組織を作り、新しい政策や法律に厳しいチェック体制を作りました。その標的の一つに育児休暇が上がり、2014年8月には大きな法改正が行われています（女男間の真の平等のための法律）。

2014年以前の育児休暇は、子供一人世帯の場合半年間、二人目からは1年ずつの更新で計3年間。休暇中には国の家族手当金庫（社会保険の一部）より、収入減補塡の補助金がありました。今回の改正で、一人目から1世帯1年間取得でき、家族手当金庫の補助金も受給できることになったのですが、その条件に、「男女の親が6ヶ月ずつ育休を取得すること」が加わりました。つまり、男女どちらかしか育休を取らない場合は、受給期間は6ヶ月のみになります。この縛りは二人目からの場合にもあり、育休期間は1世帯3年間ですが、男女それぞれの最大取得年数は2年間に変更。つまりどちらかしか取らない場合、2年に短縮されてしまうということです。男性の育休取得促進に合わせ、女性の復職を早めることも狙いとされています。

改正の目標は、「父親の育児休暇取得者を2017年までに10万人にすること」。2013年の育休取得男性は約1万8千人だったので、この数字はかなり大胆に見えますが、それだけ本気なのだ、という、政府からのメッセージと言えるでしょう。この改正と抱き合わせで、3歳未満の保育定員を2017年までに27万5千人分増員する計画（うち保育園枠は10万人分増が目標）も発表されています。

しかし、これで本当に父親の育休取得率が向上すると見る人は、残念ながら少数派です。育休を考える父親は全体の半数しかおらず、そのうちの3割は「キャリアに悪影響が出るので、結局取らなかった」と答えた、というデータがあります。キャリアと育休の関係が根本的に改善されない限り、男性の育休は増えないだろうという意見が大多数です。これは言い換えると、14日間の産休は許容範囲だが、それ以上の育休を父親に与えることは、少子化改善の先進国フランスでもまだまだ困難なのだ、ということでしょう。

ともあれ現政府の家族政策では、重要項目として「子育てにおける父親の居場所」が明記されています。フランスの育児する父親は「時代の流れで、自然発生的に」増えているのではなく、国家政策で意図的に増やされているのです。

日本における、父親への取り組み

ちなみに日本でも、「育児する父親」を増やすための試みは行われています。２００９年に育児・介護休業法が改正され、子供が１歳になるまでに申請すれば、男性も１年間の育児休暇を取得できるようになりました。２０１０年には厚生労働省の主導で、男性の育児参加を推進する「育メンプロジェクト」が立ち上げられています。

政府目標は男性の育児休暇取得率の向上で、２０１７年には10％、２０２０年までに13％にすること。ところが２０１４年現在、男性の育休取得率は未だ２・30％と、現実はフランスと同レベルの厳しいものになっています。

育メンプロジェクトの公式サイトではその理由として「男性が育児することへの男性本人・職場・社会の抵抗感」「育児は女性がするもの、という意識」「仕事の進め方」などの理由が挙げられています。が、フランスの現状を横目に見ると、要因は他にもあるように思えてきます。

まず日本の育児・介護休業法には、従業員による申し出を企業が拒否した場合の罰則がありません。従わなかった場合には厳しい行政指導が入る、と言われていますが、直接的・金銭的な損失が見えてこない。罰則がない分、「両立支援等助成金」のような特典を設定して企業を後押ししようとしていますが、これも主な対象は中小企業に限られています。「助成金をもらうより、育休を取らせない方が面倒がない」と企業側が本音を言ってしまえば、それでおしまい、になりかねません。

また育休を取った場合、休暇中の所得はまず「労使での取り決め」に任されています。交渉の上、企業側が払わないとなった場合は、雇用保険から「育児休業給付金」のもと、最大で月額賃金の67％が支払われます。が、それももちろん自動的に支給されるわけではなく、企業側がハローワークに申請しなければなりません。ただでさえ育休希望を言い出しにくい環境で、労使交渉をせねばならず、交渉が決裂したらハローワークへの申請を会社に頼まなければならない。日々残業して激務をこなす父親たちにしてみれば、眩暈《めまい》がするような心理的・物理的な厄介さでしょう。それらを乗り越えてでも「なんとしても取得したい」という、鉄の意志と熱意を持った人だけが取得できるもの、それが日本の男性育休——とまで思えてしまいます。

企業の側にしてみても、戦線離脱を願う従業員とのやりとりを考えると、「育休」という言葉自体にネガティブなイメージを抱いてしまうことも、大いに理解できます。

前述の通りフランスでは、企業が従業員の産休を拒むと罰則があります。父親休暇及び育休の手当に関して雇用主の介入はなく、国の社会保険から直接、支給されます。また休暇の長さに関しても、産休の3日間、父親休暇の11日間、それ以上の育児休暇と、異なる選択肢が与えられています。社会制度も文化も異なる両国を安易に比較はできませんが、父親の産休・育休制度だけを抜き出してみれば、日本とフランス、どちらがより「使いやすいか」は明白です。

フランスの父親たちが育児に参加するようになった転換点はまさにこの産休制度、3日+11日間の父親産休の導入でした。「赤ちゃんと知り合うための期間」を与えられた世代以降の男性たちは、明らかに、主体的に育児をする父親として目覚めています。そして彼らの暮らす社会全体も、確実に変わってきています。

日本のお父さんたちにも、まずは1週間でも、「赤ちゃんと知り合うための期間」を与えてみるのはどうでしょう。それはきっと、男性たちが「育児をする父親」として、家庭に関わっていく第一歩になるはずです。

第2章　子供は「お腹を痛めて」産まなくてもいい

まさかの無痛分娩

フランスで子供を産めてラッキーだった、と思うことの一つに、無痛分娩があります。無痛分娩とは、麻酔で出産時の痛みを和らげる出産法で、この国の無痛分娩率は世界トップです。2015年発表のデータでは、帝王切開以外の出産（経膣出産）の80％が硬膜外麻酔（局部麻酔の一種）で行われました。

自然分娩か、無痛分娩か。その選択は妊婦に任されていますが、麻酔費用が出産支援の一環として全額、国の医療保険（日本の国民健康保険に相当）の負担となっていることと等もあり、無痛分娩の垣根が低いのです。無痛で産まなかった少数派は、宗教的・主義的な理由か、お産の進行が早すぎて麻酔が間に合わなかった人たち。特別な理由のない妊婦であれば、ほぼ無痛分娩を選んでいると言えます。

とはいえ私自身も最初から、無痛分娩を希望していたわけではありませんでした。「お腹を痛めて産んだ子だもの、それはかわいいわよ」という母親たちの決まり文句を聞いて育ち、東洋医学や植物療法などに親近感を持っていたことから、自然分娩を希望していたのです。

それでも2回とも、結局は無痛分娩に。初志貫徹できなかったことに多少ほろ苦い気持ちはあれど、結果としてはよかった、と納得しています。そのきっかけは、長男出産時の助産師さんとのやりとりでした。

10分おきの陣痛が９時間続いても、遅々として進まなかった初産。そのつらさは例えるなら、お腹を下した時のキューーッと絞るような鋭い痛みが10分おきに来ては止み、一晩中続く状態です。脂汗を滲ませ、一睡もできないまま一昼夜を過ごした挙げ句、やっと分娩室に入れることになった時、助産師さんが私のカルテを見て言いました。

「無痛分娩に切り替えるなら、今しかないわよ」

朦朧《もうろう》とした頭で深く考えることもできず、「でもここまで踏ん張ったんだから最後までやります……」と答えようとした時、助産師さんは私の肩に手を置き、じっと目を覗き込んで言い切ったのです。

「あなたね、産んでからの方が大変なのよ。これ以上消耗して、今日の夜から赤ちゃんの世話ができるの？」

産んでからの方が、大変⁉

まさに、冷水を浴びせられたような気分でした。それまで9ヶ月の妊婦生活で想像と希望を最大限膨らませ、ただ「お腹を痛めて我が子を産む」ことだけに執着していたのです。待ちに待った陣痛も、こんな痛い思いをするのは我が子に会うための、当然の通過儀礼なのだ、と。でも産んでから、そのあとは？　恥ずかしながら、本気で考えたことはありませんでした。

フランスではよほどのことが無い限り、産んだ数時間後から母子同室が始まります。そしてその時から赤子が泣くたびに授乳しておむつを替えて抱っこして……の、昼夜問わずの育児生活に突入するのです。ほとんどの産科病棟には父親の宿泊施設がなく、医学的に必要がない限り、新生児室で赤ちゃんを預かってくれることもありません。

そうだ、産んでからの方が大変なんだ。

我ながら変わり身の速いことだ、と思ってしまうほど、即座に無痛分娩をお願いしました。

次男の出産では「やはり産みの痛さを一度は経験したい」と希望したものの、結局は陣痛を堪えることに疲れ果て、子宮口7センチの段階で、無痛分娩への切り替えをすることに。このときも、あの助産師さんの言葉が脳裏に浮かんだのは言うまでもありません。実際、どちらの出産も当日から眠れぬ生活が始まり、つくづく、無痛にしてよかった、と思い知りました。

より良いスタートのために

補足すると、陣痛は赤ちゃんが子宮から出てこられるよう、子宮がその入り口（子宮口）を広げながら赤ちゃんを押し出す際に起こる自然現象です。お産の開始時にはおよそ2〜3センチほどの隙間だった子宮口が、最大10センチまで拡大すると、赤ちゃんが子宮から出てこられるようになります。それまでに数時間、長い人で数日かかる人もいて、陣痛とは多くの場合、長時間の持久戦です。

その持久戦での体力の消耗を抑えよう、というのが無痛分娩の考え方で、理由は「産んでからの方が大変」だから。ただ「痛い思いをしたくないから」という逃げや甘えではありません。母親の消耗を最小限に抑え、出産後の育児生活に向けてより良い条件を整えるための方策、と考えられているのです。

「無痛分娩は、母親の精神面でのサポートです」

パリ市内の公立総合病院で産科を担当している麻酔医、アニエス・リグーゾさんは、はっきりと言い切ります。

「出産時に硬膜外麻酔をしようがしまいが、筋肉などの肉体疲労は変わりません。頭で感じないだけなのです。それに無痛分娩でも、程度の差はあれ母親たちはみな陣痛を経験します。無痛分娩の対象となる妊婦たちの多くは、陣痛が本格的に始まり痛みが定期的になってから来院しますし、麻酔をするのもある程度、陣痛が進んでからですから。麻酔は陣痛に苦しむ時間を短くし、母親の精神的消耗を軽減するために行うもの。出産の痛みで疲れきり、産後すぐに子供を渡されても、あまりの疲れで手を広げることもできず、ぐったりと横たわったままの母親はたくさんいます。逆に長い痛みに苦しまず出産した母親は、すぐに子供を笑顔で抱きしめる余力を持てる。無痛分娩は、『産まれてからの日々のスタート』のためにあるのです」

フランスには里帰り出産や「床上げ」のような風習が無く、日本よりも、祖父母の手助けを期待できない文化背景があります。核家族化が進み、母親の第一の補佐役を父親が担っている状況は、前章で見てきた通りです。そのことも、無痛分娩が重要な育児サポートと考えられている現状に影響していると言えるでしょう。

医療側の負担も軽減

フランスの産科で硬膜外麻酔による無痛分娩が普及し始めたのは、1980年代初頭から。1970年代、女性政治家シモーヌ・ヴェイユが推進した人工中絶や人工授精など医療面での女性解放政策と連動し、「出産の医療化」を求める動きが活発化します。1972年には全国麻酔医・救命救急医学会が無痛分娩支援の方針を表明。2年後にはヴェイユが健康省大臣となり、翌年「家族計画・教育センター」を設立しました。以降80年代を通して、エコー検査・胎児モニタリング・無痛分娩をセットとする出産の医療化が進められていきます。周産期医療の改善は、「女性の健康を勝ち取る戦いの一つ」だったのです。

その後1993年、かのヴェイユが再び健康省大臣の職に就き、その翌年には分娩用麻酔が全額、国の医療保険の負担になりました。これを境に無痛分娩は、経済的状況に関係なく、すべての女性が享受できる「権利」となったのです。1995年には妊婦の

54%が無痛分娩で出産し、2003年には75%、2010年には81%と、右肩上がりで数を増やしていきます。

無痛分娩が普及していくのと時を同じくして、フランス国内の麻酔医の数も増えました。フランス医師会によると、1960年には169人だった麻酔医が、1970年には約1000人、1980年には約3000人となり、1990年には7500人以上、2000年には9000人以上に達します。2011年のデータでは9930人となっていますが、この数は他の先進国と比較しても多くはなく、同じ年の調査で、アメリカは約4万3000、イギリスは約1万2000、ドイツは約1万7000、日本は約7000人です（古家仁著『麻酔科医を取り巻く世界の状況』より）。

違いは、フランスには「麻酔看護師」という看護専門職があること。麻酔医をサポートし、そのタスクを分担する役割を担っており、2011年のデータでは約8500人が登録されています。麻酔業務の分担体制を確立することで、8割に上る無痛分娩をカバーするだけのマンパワーを確保できているのです。私のお産の際も、カテーテルの挿管・麻酔の注入は麻酔医が行いましたが、その後の経過観察や事後処理は看護師が一人で担当していました。

前述のリグーゾさんは麻酔医になる前の20年間を助産師としてお産の現場に立ち会い、その変化を目の当たりにしてきた一人です。

「80年代初頭には無痛分娩は5％くらいでしたが、その数字はすぐに上がりました。パリだけ見ても、この時期から数年で、産婦人科のある総合病院の6割ほどが、24時間態勢で麻酔医を配置するようになっています。一番の理由はもちろん女性たちの熱烈な希望でしたが、医療面でのメリットが大きかったこともあります。経膣分娩から緊急帝王切開になった時でも全身麻酔を避けられることで、妊婦死亡率が下がったのです。

妊婦の全身麻酔では、呼吸制御能力の喪失が起こる確率が非妊婦の7倍にもなりますから、全身麻酔の割合を減らせることは、周産期妊婦死亡の減少に直結していると言えます。お産の硬膜外麻酔には、医学的な副作用や禁忌（発熱、血液凝固に問題がある妊婦など）が少ないことも、無痛分娩が普及した理由の一つでしょう」

そこには、出産の効率化も関わっています。かつては妊婦一人につき一人の助産師がつきましたが、現在は助産師の数が不足していることもあり、助産師一人で同じ時間帯に2、3人のお産を担当しなければならない場面が増えています。陣痛による妊婦の苦痛の緩和は助産師の仕事の一つなので、無痛分娩の導入により、必然的に助産師の負担も軽減されるわけです。その負担は物理的・肉体的なものに限らず、心理的な面にも及んでいました。今から約20年前にはすでに、こんな助産師の証言が残されています。

硬膜外麻酔が産科にやってきてから、女性たちは拷問のような出産の場面を生きなくてもよくなった、ということを、私は認めざるを得ません。そして私たち無力な助産師も、己を恥じる気持ちに満たされて終えていた出産がなくなったのです。

（マリー・フランス・モレル著『産みの苦しみの歴史』より、著者訳）

ローマ法王も無痛容認

現在フランスの分娩室では、陣痛に堪え苦しむ妊婦の声はほとんど聞かれません。夜ともなれば、しん、と静まり返っています。

歴史的にキリスト教色が強いこの国では、出産にはある聖書の言葉が長年つきまとい、女性史に関する文献にも、紋切り型のように登場してきました。

「(女よ) お前は、苦しんで子を産む」(旧約聖書、創世記　第3章16節、新共同訳)

またフランス語には、お産の苦しみを mal joli（美しい痛み）と美化する言い方もありました。しかしそれらはもう、過去の遺物になっているかのようです。

産みの苦しみに対するキリスト教的な義務感が疑問視されるようになった最初のきっかけには、イギリス・ヴィクトリア女王の出産がありました。1853年、8人目の子供を出産するにあたり、女王は当時の医学界で注目されていた麻酔薬・クロロフォルムを取り入れたのです。陣痛の初期に、鼻からクロロフォルムを数滴吸引し、うっすらと眠ったような状態での出産だったと言います。

当時のイギリスは国王が宗教的勢力よりも強く、ローマを中心とするカトリック教会の影響下にはありませんでしたが、それでもヨーロッパの君主の一人が「お腹を痛めずに子供を産んだ」という事実は、当時の人々には十分な衝撃でした。「女王様の出産」と呼ばれたこの方法には子宮無力症や分娩時の出血などの副作用もありましたが、イギリスやアメリカではすぐに普及したとのこと。フランスでは、当時のお産を取り仕切っていた助産師に麻酔薬の使用権利がなかったため、一般化されませんでした。

次のきっかけは、1950年代にパリの医師が提唱した心理的な和痛法です。当時ソヴィエト連邦で進んでいた「パブロフの犬」反応の研究に着想し、妊娠中から心理的・肉体的な準備を整え、陣痛への恐怖を克服し、ひいては痛みを軽減する手法でした。1

952年、パリのブルーエ病院産科では500のお産がこの和痛法を用いて行われました。そして1956年、ローマ法皇ピウス12世がこの手法を容認する姿勢を見せ、痛みのないお産に対するカトリック界のためらいが払拭される転換点となったのです。硬膜外麻酔が普及する80年代・90年代には、ヨーロッパではすでに、無痛分娩を受け入れる土壌が出来ていた、と言えます。

一方の日本では、無痛分娩に対する容認度・認知度は低いままで、「お腹を痛めて産む」ことは重要な通過儀礼と考えられています。無痛分娩の普及率も低く、日本産科麻酔学会公式サイトによると、お産全体の3%にも満たないとのこと。

日本で普及率の上がらない理由には、麻酔医不足も挙げられています。時間の読めない出産に対応するため十分な麻酔医を常駐させることができず、現在無痛分娩を選択できる産科・産院でも、その多くが予約制です。つまり前もって分娩日を決め、麻酔医を手配し、その日に合わせて出産を「計画」することになります。出産を計画通りに進めるには、陣痛促進剤など人工的な手段に頼るしかありません。しかも硬膜外麻酔は保険対象外で、産院によって十万~数十万円の追加料金がかかります。お産の始まりを「計画」して「人工的に」誘発することと、経済的な負担が、無痛分娩のハードルを高くしていると考えられます。

無痛分娩のデメリット

フランスの妊婦にも医療関係者にも福音をもたらした無痛分娩ですが、分娩経験者の中には時に、麻酔を悔やむ人もあります。私の周囲にも実際、こう話す友人がいました。「痛みを感じないから、いきみのタイミングが分からなくなって……。助産師さんに『さぁ、次の陣痛の波が来たら本気でいきむわよ！』と言われた時、え、え、え！　と、ちょっとパニックになってしまったの。私は陣痛も耐えられる痛みだったし、今考えると、無痛でなくても産めたかも」

妊婦側からよく聞かれるのは「麻酔が効きすぎて何も感じなかった」の声で、原因は「麻酔の処方量が多すぎること」だといいます。その課題はここ10年で技術面から大きく改善され、現在は、妊婦が自分の痛感に合わせてボタンを押し、自分で麻酔薬を追加注入する方式（自己調整硬膜外鎮痛）が取られています。これにより、麻酔の使用量が以前の方式より30％ほど減ったそうです。「ヨーロッパは医薬品基準が厳しいから、麻酔薬も最先端のものなのよ」と、前述の麻酔医さんも胸を張ります。

助産師の現場からは「麻酔を早く入れすぎると陣痛の進みが遅くなり、お産が長引いているように感じる」とのコメントもありました。現場の実感としては確かなのでしょうが、これには今のところ、科学的な根拠はあまり挙がっていません。医学界では逆に、「麻酔とお産の進行には因果関係がない」という論考の方が優勢で、医学エビデンスを検証する国際団体「コシュレーン・ライブラリー」が２０１４年に関連論文を精査した際には、「硬膜外麻酔の挿入時期は分娩の結果にほとんど影響しない」という結論を公表しています。

もう一つ無痛分娩のデメリットとして挙げられるのが、分娩姿勢が固定されてしまうことです。背中に麻酔用カテーテルを通してしまうと、妊婦はその後分娩台から降りることはできず、仰向けもしくは横向きの姿勢を維持しなければなりません。こうなると、水中分娩やフリースタイル分娩なども不可能です。

「歩く」「姿勢をいろいろに変えてみる」のは、何時間もかかる出産を乗り切るための万国共通の方策ですが、このような工夫も制限されます。助産師たちが「お産の進みが遅くなる」と感じる理由には、そういったお産まわりのテクニックが封じられてしまうことにもあるでしょう。私自身も、麻酔を打ってから分娩まで5時間ほどかかり、ただ寝そべって子宮口全開になるまでの待ち時間が、とても長く感じられました。陣痛を感じないだけで、子宮は定期的な収縮を起こし、お腹の中の赤ちゃんを産み出すべく動き続けているのですが……。そして次男のお産の際には待ち時間の間、助産師から「あのまま麻酔なしで頑張っていたら、もう産まれていたかもねぇ」と言われもしました。硬膜外麻酔を受けた妊婦は足に痺れを覚える症例もあり、そういった不快感から、お産の進みがより遅く感じる事情もあります。

無痛分娩は任意選択制の「権利」で、帝王切開のリスクが高い妊婦には推奨されますが、強制ではありません。フランス東部の産科では、妊婦の約３割が無痛分娩を希望しなかったといいます。とはいえ現実は、８割以上のお産で無痛分娩が選ばれる。しかも、経膣分娩の妊婦の26％が自然分娩を望んでいても、その半数以上は途中で無痛分娩への切り替えを希望した、というデータもあります。

無痛分娩には賛否両論あれど、分娩の痛みには代えられないと考えられている現実は、この数字から明らかです。

「無痛分娩の権利」を維持するために

前述のようにフランスでは、お産の途中でも無痛分娩を選択することができます。その「権利」を維持するために重要なのが、麻酔医の配置です。

妊婦の急な要望に応えられるだけの麻酔医の配置基準は産科の規模ごとに決まり、国によって定められています。最小の基準は「年間出産数1500以下の産科を持つ病院」ですが、ここでも常時一人の麻酔医を、勤務もしくは自宅待機で確保しなければなりません。年間出産数1500から2000の産科のある病院は、通年24時間体制で院内に麻酔医を常駐させる必要がありますが、この麻酔医は他の外科とのかけもちが許されています。年間出産数2000以上の産科を有する病院になると、産科専任の麻酔医を一人、通年24時間体制で確保するよう定められています。そしてこの最大規模の病院が、フランスの産科の約半数を占める多数派です。

「無痛分娩の権利」を支える麻酔体制にはしかし、一つの不安要素が潜んでいます。メディアではあまり取り上げられませんが、麻酔医の高齢化が、時限爆弾のように進行しているのです。2011年の調査で数えられた麻酔医の半数近く（4668人）が、2020年までに定年してしまう、と「麻酔・救命救急医の人口統計」（2012年）が警鐘を鳴らしています。

麻酔医の数が半減した時、現在と同じように無痛分娩を女性の権利、育児支援の一環として広く行うことができるのでしょうか。フランス麻酔医・救命救急医組合の名誉会長ジャン＝マーク・デュメックス医師に聞きました。

「これは随分前から議論されている、麻酔医学界の長年の懸案事項なんです。その分時間をかけて、健康省と組合で対策を講じています」

対策の一つに、国の主導で麻酔医を増やすことがあります。フランスの医科大学はすべて国立で、医学生は卒業時に全国選抜試験を受け、その成績順に希望の専門医局に配属される仕組みです。そして各専門医局の新人医師受け入れ数は毎年、健康省が決定します。ここ20年以上、麻酔医局の受け入れ数は増やされており、1999年には180人だった研修医数が2008年は260人、2014年は380人に及んでいます。フランスでは麻酔医は放射線医、眼科医などと並んで医学生に人気で、収入も他の専門に比べて高く安定しているため、新人医の定員割れはなく、今後も心配されていないとのこと。

迅速に対策がとられる背景には、医療同業者組合の活発な働きかけがあります。無痛分娩の普及の裏にも組合の努力があり、その好例として無痛分娩の医療報酬の改定が挙げられます。拘束時間の読めない硬膜外麻酔の時給は改定前、国の法定最低賃金レベルで、麻酔医の経済状況を圧迫していました。事態を重く見た麻酔医・救命救急医組合が国に交渉し、2002年には、硬膜外麻酔の医療報酬が3倍に引き上げられています。組合の声に効果的なアクションで応えるところに、国が無痛分娩を「権利」として維持する意思が見えてきます。

また幸いなことに医学面でも、麻酔医不足改善の好要因があります。近年の放射線外科治療、特に血管系手術での飛躍的発展で、外科手術での麻酔医の負担が減っているとのこと。

「それでも、数年は難しい時期があるでしょうが、将来的には状況は安定すると見ています」

現時点でも年間出産数2000未満の総合病院では、救急対応と手術を掛け持ちする麻酔医がなかなか産科に到着できないことがあります。私も次男の出産の際は、麻酔医の到着まで時間がかかり、絶叫の陣痛を経験しました。硬膜外麻酔を入れるタイミングは分娩により、子宮口3センチから8センチの間と幅広く、無痛分娩だからといって、まったく痛みを感じないわけではないのです。しかしフランスの周産期医療の現場では、この点は暗黙の了解として受け入れられており、麻酔医の到着を早める必要は特段議論されていません。大切なのは「痛みを感じずに産むこと」ではなく、「母親のサポートとして、痛みを感じる時間を（できる範囲で）短くすること」。無痛分娩とはすべての女性の権利であり、「医療サービス」として快適度を問うものではないのだ、という基本的な考えが、ここでも反映されていると言えます。もちろん一部の私立クリニックでは、無痛分娩までの待ち時間の短さを宣伝文句に用いているところもありますが、それはあくまで少数派です。

無痛分娩で出生率が上がる

現代フランスの出産事情から見ると、「お腹を痛めて産んだ子はかわいい」の表現も、どこか違って響いてこないでしょうか。子供をかわいいと思うか否かは、痛い思いをしたかどうかには関係ないのではないか。事実、誰の手助けもなく激痛に堪え、独りきりで出産した女性が、新生児を遺棄するような不幸な事件は後を絶ちません。一方で、養子縁組でとても仲良く暮らしている家族に接すると、その思いはますます強くなります。

お腹を痛めて産まざるを得なかった時代の女性たちが、その痛みに折り合いをつけるために、あのように思うことが必要だったのかもしれない。でも今は、どうでしょうか。「あんなに痛い思いをまたするなら、もう子供はいいかな」

友人のなかには、そう漏らす女性が何人もいました。体が壊れるような痛みを知ってしまった身には、偽らざる気持ちでしょう。陣痛を途中までしか経験していない私ですら、「あれ以上の痛みは耐えられない」と尻込みする気持ちと、「麻酔なしで産んでいる日本の女性たちは、本当にすごい」という敬意を禁じえません。

子供を持つことと引き換えに壮絶な痛みを感じる必要はない、というのは、少子化対策の一つとして、考えられるべき母親支援と言えるのではないか。合計特殊出生率を高く維持するフランスの現状に対し、無痛分娩の効能は決して小さくはない、と、経験者として強く感じてしまいます。事実、こちらの友人に、日本では無痛分娩が普及していないことを話した際、「そりゃあ子供が増えないわけだわ！」と、冗談めかして返されたことも、一度や二度ではないのです。

フランスが第二次大戦後最低の合計特殊出生率を記録したのは1993年と1994年（1・66）でした。無痛分娩が全額保険負担となったのが1994年。1995年から出生率は回復し始め（１・71）、無痛分娩がお産の８割に達した２０１０年には、戦後ベビーブームに沸いた１９７４年以来初めて、出生率が２・00を超えています。安易に直接の相関関係を見ることはできませんが、出生率が回復した背景の一つに、無痛分娩の普及が重なっているのは、確かな事実なのです。

半数が「出産に満足していない」

女性の健康の権利として、70年代から推進されてきた出産の医療化。ところが近年では、それが行きすぎているという指摘もあります。

「医療が存在する以上、医療でカバーできることはカバーしなければ許されないという文化が今のフランスにはあります。例えば現状では、陣痛が始まった妊婦の子宮口が３センチになった段階で分娩室に行き、胎児の心拍モニターをつけるのがベストとされています。出産前の妊婦健診も、厳密になっているのは悪いことではありませんが、一昔前までの雰囲気はもっと人間的でした。もう少しゆとりを持ってお産の進行を見ていられたのです。いまは母親たちの方も無痛分娩に頼りすぎて、自分で産むのだ、という自覚が薄れているように感じます」

パリ市内の助産師で、助産師学校でも教鞭をとるカロリーヌ・フランツ・ボットさんはそう語ります。

フランスでは20世紀前半から病院での出産が一般化し始め、1939年のパリでは出産の約7割が病院で行われるようになりました。その後1962年には、フランス全土のお産の85%が病院になっています。そして1970年代、出産の医療化促進以来、出産件数の少ない産科を閉鎖し、その分のマンパワーと設備投資を集中させて産科医療の効率と質を上げる、という方向性が採られています。

結果、2001年から2010年の間の10年で5分の1の産科が閉鎖され、2012年、フランス全土の産科は544件。年間約81万件のお産のほぼすべてが、その約544件で行われていることになります。その約66%が公立、7%が公立とほぼ同じ医療環境を持つ非営利団体運営の病院。純然たる私立病院は27%なので、フランスの妊婦の大多数は、およそ同じような医療環境で出産している、と考えることできます。

そんな背景から近年、妊婦と産科チームの双方から「産科医療が画一的すぎる」との声が上がり始めました。出産雑誌「レ・パラン」の経産婦アンケート（2010年）では、なんと49・1%が「自分の出産に満足していない」と回答。病院の産科は、出産に際して感じた願いや必要には必ずしも合っていなかった、としています。時を同じくして、助産師たちが自然分娩に特化した分娩室を産科の中に作ったり、「妊婦一人に助産師一人を」のスローガンのもと助産師の増加・地位向上を訴えるデモを起こします。そして2015年7月30日の政令（2015－937号）で初めて公式に、助産院の設営が認められたのです。

とはいえこの政令はまだ実験的なもので、助産院は産科に直結していなければならず、そこで分娩可能なのはリスク要因のない妊婦のみ、出産時には二人の助産師の立ち会いが必要など、細かく条件づけがされています。パリでこの政令を受けて設けられた助産院は、2016年3月現在、1件のみです（ブルーエ病院産婦人科付き助産院）。

また近年では産後の退院日を早め、その分自宅で助産師の往診を受けるプログラム（退院後自宅療養支援プログラム）が促進されています。産科の負担を軽減すると同時に、産後の経過の良い女性を住み慣れた自宅で療養させることも目的で、この助産師往診はもちろん、国の医療保険の負担対象になっています。

妊娠出産の医療化促進は、フランスで子供を持つ環境の向上に貢献していると言えます。一方で、その過剰を憂いブレーキをかける声もまた、現実的な力を持つ。女性は今、

（あまり）お腹を痛めず産めるところまで来た。そして、その先は？　この課題に半世紀近く向き合ってきた国でも、賛否両論が絶えないという事実に、「出産」のデリケートさが浮かび上がって見えてきます。それでも一つ確かなのは、この国でお産の形を決めるのは、産む女性たちだということ。麻酔で痛みを軽減するか、自然のままに産むか。そのどちらも強制されるのではなく、自分の意思で選べる。「お腹を痛めない」権利は誰にでもある。「お腹を痛めるか否か」は出産の形の選択であって、「子供を産むか産まないか」の判断とは、別の次元にあるのです。

妊婦健診に財布はいらない

妊娠にまつわる表現にはこんなものもあります。「妊娠は病気ではない」。「だから特別扱いする必要は無い」という意味と、「病気のように治せないのだから、いたわるべき」という相反する意味で使われていますが、フランスの場合は完全に後者です。妊娠が確定したときから医療面でのサポートはかなり手厚く与えられ、平均的なケアを受ける限り、「妊婦は医療費ゼロ負担」が基本。それは産む先が公立病院でも私立病院でも変わりません。

ここで私が実際、妊娠判明から出産までの8ヶ月間で受けた無料の医療ケアを書き上げてみましょう。2009年と2012年、それぞれの妊娠出産でほぼ同じ内容でした。

産婦人科健診　10回（妊娠5ヶ月まで民間の産婦人科医診療所、その後出産予定の公立病院）
エコー検査　3回（妊娠12週、22週、32週）
夫と二人で感染症の血液検査（肝炎やエイズなど）　それぞれ1回ずつ
歯科検診　1回、その後の治療2回
産婦人科での出産準備クラス　6回
出産前の麻酔科健診　1回
妊婦糖尿病検診　4回
血糖値コントロール研修　1回
公立病院での無痛分娩での出産
出産前後の入院　4泊5日
産後1ヶ月健診　1回

産後骨盤底筋リハビリ　10回
＊出産前後の入院は、産後12日間まで医療保険の全額負担
＊2016年現在、エコー検査のうち2回は自己負担3割。エコー画像のプリントアウト代は診療費に含まれるが、プリント枚数は通常、患者側は指定できない。

私はこれらに、1ユーロも支払っていないのです。

代わりにしたのは、妊娠初期に診断書付きの「妊娠申告書」を医療保険金庫に送ることと、健診のたびにキャッシュカードサイズの「医療保険カード」を提示すること、の二つだけ。このカードは全国の医療機関・薬局と被保険者をオンラインで繋げるもので、会計時にこのカードでシステムに接続すると、医療保険金庫が被保険者の代わりに医療機関に支払いをする仕組みになっています。

このシステムは「妊娠は病気でない」ため、保険がきかない日本とは大きく異なります。日本でも自治体が発行する妊婦健診クーポンの綴りや、健康保険による一時金支払いなどがありますが、毎回の健診では基本的に支払いが必須です。

しかし、フランスの妊婦健診や出産にも正確には医療費は発生しています。妊婦が立

て替えることもなく、国の医療保険が直接支払いを行っている、というわけです。そして妊娠6ヶ月からは、妊婦健診以外の診察費や薬代、医療器具代（血糖値測定器や搾乳機など）、検査費用も全額、国の医療保険でまかなわれます。出産の際に私立病院を選ぶと、産科医の追加報酬や個室代などで追加料金が発生することもありますが、私は2回とも近所の公立病院での出産だったので、退院の際も書類にサインするだけで、支払いはありませんでした。

あくまで公立病院なので、医療面以外の設備やサービスはシンプルなものです。食事も、フランスでここまで味のないものを食べたことがない！　というほど最低限の品質で（量はたっぷり）、日本でお馴染みの「祝膳」などもありません。が、2回の出産とも個室で（産科によっては相部屋もあり）、必要十分の居心地が整えられており、衛生面・安全面・金銭面の心配なく、出産前後の時を過ごすことができました。また産科医や助産師、小児看護師の仕事ぶりには文句のつけどころもなく、医療面での不足はまったく感じられませんでした。

医療費無料は子供たちも同じで、退院1週間目の初回小児科健診を含む、6歳までの20回の健診、2歳までに4回、そのあと6歳までに3回の発達診断、1歳までに3種類の法定感染症のワクチン、のすべてが保険でカバーされます（前記以外の13種類の義務・推奨ワクチンは自己負担35％）。

医療費の支払いシステムは妊婦時代の母親と同じで、医療保険カードがベースです。医療保険金庫に出産届を出し、受理されると、母親と父親の保険カードに子供がセットで登録され、一枚のカードで親子の医療行為がまとめて受けられます。

もちろん胃腸炎や中耳炎など、不測の病気の診察には3割の自己負担がありますが、我が家の場合その超過分は、サラリーマンの夫が会社で強制加入させられている保険共済で補塡されました。長男は卵と牛乳に不耐性があり、満1歳から3歳までアレルギー専門医の治療を受けていましたが、その診察料も7割が国の医療保険で払い戻され、残りは保険共済です。保育園の帰り道、閉店間際の薬局で薬を買い、ああ現金の持ち合わせがないと焦ったとき、全額が保険でカバーされて支払いゼロ、胸を撫で下ろしたこともありました。

その医療費は誰が出しているのか

妊婦と乳幼児にとって無料になった医療費は、国の医療保険がカバーしています。受益者としてはつくづくありがたいことですが、その財源はやはり気になるところ。誰がどうやって、この医療保険を維持するお金を払っているのでしょうか。

ざっくり結論を言ってしまうと、その担い手は民間企業と世帯です。フランスの医療保険は社会保障制度の一環で、その運営費は老年保険、医療保険（疾病、出産、傷害、死亡、職業病）、家族手当、住宅支援基金、労災保険と取りまとめて管理されています。

フランスの社会保障は国の主導で整備される前、まずは同業者の互助組織として職域別に形成されていった歴史があり、今でも職域ごとに管理運営機構が異なるのが特徴です。中でも最も加入者が多く代表的なものが、民間企業の給与所得者を対象とする「一般社会保障制度」。その2014年徴収金4744億ユーロのうち、44・9％が世帯負担、46・3％が企業負担、国庫負担はわずか8・8％となっています。企業の徴収保険料は主に従業員給与に課されており、雇用主は支払う給与の約29％を、被雇用者は約8％を社会保障費として納め、雇用主負担の割合が非常に大きくなっています。

社会保障の中でも最も支出が大きいのが医療保険（全体の47・3％）。企業徴収金の負担率も、他の分野に比べてずば抜けて多くなっています（給与の12・8％）。

産休手当も医療保険の負担

フランスの働く母親のほとんどが、一般社会保障制度の医療保険の受給者です。この医療保険から、産休手当も支給されます。第一子妊娠で、特別な疾患のない女性の産休期間は産前6週間と産後10週間の計16週間です（第三子以降や多胎妊娠などは期間が長くなる）。

支給額は産休前3ヶ月の給与から算出され、日当の上限は2016年3月現在で83・58ユーロ（1ユーロ＝125円として約1万4百円）、14日間ごとに指定の口座に振込まれます。この医療保険を受給するにはある程度の条件がありますが、それさえ満たしていれば支払いは均一に行われます。また季節労働者やフリーランスの著作権収入者（ライター、翻訳者、カメラマンなど）、演奏家や俳優なども、徴収機構は異なるものの、一般社会保障制度の枠組みで医療保険を受給できるようになっています。つまり産休手当が出ますし、出産に関わる医療費も無料になります。

ちなみに日本にも、労働基準法の母性保護規定による産前・産後休暇がありますが、この休暇中の給与支払いは、雇用主の判断に任せられています。もし雇用主が払わないとなった場合、従業員が加入している健康保険から「出産手当金」が払われることになりますが、このシステムは雇用主側にも、従業員である妊婦側にも、あまり快適なものとは言えません。産休手当を雇用主の権限ではなく、すべて医療保険の管轄にしてしまえば、出産に関して雇用主と妊婦の間で交わされるデリケートな労使交渉を、一つ減らすことができます。見方を変えればこれもまた、働く母親の精神面のサポートになるのです。また企業の側にとっても、目の前の女性従業員の一人に「産休手当を払わされる」と考えるより、まとめて徴収された社会保障費から見えないうちに産休手当がやりくりされている方が、「従業員の産休」に与えられるマイナス印象が軽減されるのではないでしょうか。

気軽に「母子保護センター」へ

母子への医療支援は、経済的な面に限りません。出産前後の妊婦と、出生児を満6歳の誕生日までフォローする無料の医療相談所が全国に約5100軒あり、所属医師による定期診察や、ワクチンの無料接種などを実施しています。地方自治体の予算・管轄で運営される「母子保護センター」です。その役割は国の公衆衛生法典で、以下のように定められています。

1　女性の婚前・出産前・出産後の各診察および、妊婦のための予防的社会医療活動
2　6歳以下の児童、特に保育学校就学児童の診察および予防的社会医療活動
3　家族計画・家庭教育活動
4　特に注意を要する妊婦および6歳以下の児童の、家庭における予防的社会医療活動。その際は、当事者の要望もしくは同意のもと、かかりつけ医および入院先病院と連携する

（『フランス公衆衛生法典』より、著者訳）

この機関は1945年、フランスの国家社会保障制度とほぼ同時期に創設されました。第二次大戦後、深刻だった乳幼児死亡率を改善するため、「出産前診断」「乳幼児保護」「母親の教育指導」を三大活動方針に掲げて立ち上げられたのです。センターを運営するのは、医師・看護師・助産師・小児看護師などの医療関係者チーム（フランスの小児看護師は保育園従事者の主要資格）。2012年には、70万人の子供がここで診察を受けています。母子保護センターは保育園の認可や母親アシスタント（日本の「保育ママ

（家庭的保育者）」に相当）の研修・認定を管轄する役目も担っており、医療面以外でも、フランスの子育て世代の生活を包括的に支える重要な機関なのですが、そのことは第4章で詳述します。

母子保護センターの相談所は、フランスのママたちにはおなじみの場所。まず出産後、産科を退院する時に、「小児科まで行かなくても、気軽に赤ちゃんの体重を測りに行ける近所の相談所」として案内されます。成育具合を正確に把握するため、赤ちゃんの体重測定には1グラム単位の専用体重計を使うからです。

行けば常駐の小児看護師や助産師から、赤ちゃんの耳掃除や鼻のかませ方、睡眠リズムの悩みなど、「医者に行くほどではない気がかりごと」に関して、無料でアドバイスをもらえます。地域の小児科や専門医のリストがあったり、託児先を紹介したり、とにかく乳幼児まわりでわからないことがあったら、ここに行けば何かしらの手がかりを得ることができる。予約なしで訪問できることもあり、新米ママたちには駆け込み寺的な存在になっています。

「とにかくアクセスしやすいこと、を念頭に置いています」

そう説明するのは、パリ圏母子保護センターの医師長を務めるエリザベス・オーゼー医師。

「現在乳幼児死亡率の問題は改善しているので、活動の重点は親たちの支援に移っています。より具体的には、〝親としての新生活〟のサポートですね。近年は特に孤立している母親、そこから心を病んでしまった母親が増えています。そういった親たちをスクリーニングし、その家庭で子供たちが虐待の危険にさらされていないかを監督することも、私たちの重要な役割です。一方で母子保護センターは、通うことが義務の組織ではありません。だからこそ、親たちが来やすい環境を整えることが大切なのです」

1960年代生まれのオーゼー医師は、母親として5人の子供を育てながら、フルタイムで働いています。フランスで子供を育てている実感を問うと、即座に「難しいことではない」と返ってきました。

「この国では、親たちは孤立していません。問題を多角的に考えて、あらゆる手段が講じられている。たとえばパリは多文化都市なので、母子保護センターのスタッフには異文化共生研修があります。通訳や異文化共生メディエーターもいる。事情があって妊婦健診に行くのが難しい人には、助産師による出張健診を提案することもできます。一つの解決法を強制するのではなく、各家庭にあった選択肢を与えるのが、私たちの社会のやり方なのです」

妊婦と乳幼児は社会的弱者

これまで見てきたように、フランスの妊娠・出産と乳幼児に関する医療支援は、当事者負担を多角的に、できるだけ抑えるようにできています。しかもその「負担が軽減される仕組み」も分かりやすく、使いやすい。

このように金銭面・実用面の支援が充実している背景には、「社会医療（メディコソシアル）」という考え方があります。医療は弱者を救済する社会政策の一つで、妊婦と乳幼児は、その対象となる弱者。「公衆衛生上優先順位の高い、身体的に脆弱な状態にある人」（「母子保護局の概要」母子保護局設立70周年パリ講演、2015年11月より著者訳）と、はっきり定義されています。

誤解を恐れずに強い表現をすると、妊婦と乳幼児は、ハンディキャップの扱いなのです。フランス国民の医療費負担をカバーする社会保険制度が法整備されたのは、第二次大戦終了直後の1945年10月のこと。その時からすでに出産は、疾病・障害・年金・死亡と共に、「補償されるべきリスク」と定められてきました。

まず、妊婦と乳幼児を社会的弱者、リスクを負った存在と認める。その弱者にさらなる負担をかけない形で、支援をする。その支援も強制ではなく、選択肢として提案する。フランスの妊娠出産・乳幼児医療には、その認識と考え方が通底しています。

この認識は日常社会でも一般的です。スーパーのレジや交通機関の優先マークには、身体障害者・高齢者と並んで、妊婦、乳幼児連れの親子が描かれています。空港や駅のタクシー乗り場では、案内係が妊婦や乳幼児を見つけたら、声をかけて最前列に回します。列を作る人々は（内心はともかく）、表立って不満を表明しません。妊婦や乳幼児連れの親も、他者を押しのけることなく、申し訳なさげに身を縮めることもなく、静かに列の前方に進みます。そして、そこに高齢者や障害者がいれば、「より身体的に辛い方」を推し量りながら、順番を譲り合っています。

妊婦や乳幼児の健康保護が、高齢者や障害者の支援と並んで扱われているのだな、と、毎回つくづく実感する場面です。そしてその度に、この国で子供が増えて行く理由を、目の当たりにしたような気持ちになるのです。

第３章　保育園には、連絡帳も運動会もない

毎日の持ち物リスト？

「フランスの保育園には、毎日どんな持ち物を持っていくの？」

日本の友人から尋ねられた時、その意味が、私にはすぐに理解できませんでした。

毎日？　持ち物？

息子たちが満１歳になり保育園に行き始めた頃、確かに、「初日に持参するものリスト」が配られました。箱ティッシュ１箱、鼻うがい用の生理食塩水１箱（こちらでは乳幼児期の鼻水除去は鼻うがいが一般的）、名前をつけた着替え一式、上履き一組、ストロー付きカップ。

初日にそれを担任の保育士に預けた後は、週３回、手ぶらで通っていたのです（こちらには週５日のほか週３日の保育枠があり、フリーランスで働く私は当初こちらを選び

ました)。

「え、でも例えば、食事の時にエプロンをつけるでしょう? おむつはどうしてるの?」

友人は納得できない様子で問い続けます。

こちらではエプロンは園で支給、洗濯も園がします。ストロー付きカップも毎日、園の食器洗い機で洗ってもらいます。おむつは園から支給され、おむつ替えはウンチがない限り、午前1回午後2回です。おむつは上等なものではなく、夕方にはパンパンに膨れ上がっていることも多かったのが、気になるところではありましたが……。

「てことは、フランスはおむつの持ち帰りもないの?」

「おむつの持ち帰り!? 何それ!」

「うちの保育園は、使用済みのおむつを毎日保護者が持ち帰るんだよ。だから毎日5枚のおむつに名前を書いて持っていくし、使用済みおむつを入れるビニール袋も、同じように記名して一緒に持っていくの。迎えに行くと、それが子供と一緒に返されるんだよ」

驚きのあまり、私は思わず絶句してしまいました。

「な、なぜそんなことを……？　園で捨ててくれないの？」

「なぜだろうね？　捨ててくれる園もあるよ。保育園によっても、自治体によっても違うみたい」

「てことは、捨てるおむつに記名するわけ？　毎日？」

「まあね。疲れている時は本当にやるせなくなるけど、みんなやってることだからね。やらなきゃしょうがないことだし」

友人は私の驚きを半ば面白がりながら、１歳児クラスの「毎日の持ち物リスト」を読み上げてくれました。

・名前入りの紙おむつ５枚
・名前入りのビニール袋２枚
・エプロン２枚
・口拭きタオル２枚（サイズも指定）
・手拭きタオル１枚
・コップ

・着替え（肌着・上着・ズボン）1枚ずつ
・連絡帳
・（汗ばむ時期）沐浴用タオル
・（夏季）水着、タオル、プール用連絡帳

エプロンやタオル類は毎日洗濯して、翌日清潔なものを持って行く。加えて毎週月曜日には、お昼寝用の掛け布団カバー（サイズ指定あり）を持参し、お送りのついでに、子供用の布団に保護者が掛け替えるのだそうです。これも金曜日に持ち帰り、週末の間に洗濯をしておく。そして3ヶ月に一度は、布団そのものも金曜に持ち帰り、月曜日に持参する。この一番の大荷物を抱えた「魔の金曜日の夕方」によく雨が降るのだ、と、友人は苦笑いをします。

フランスではお昼寝の掛け布団もシーツも園の支給で園が洗濯して、と言いかけて、私は口をつぐみました。すごいよ。働きながらそれを毎日準備しているだけで、本当にすごいよ。毎朝の電車通勤とフルタイム勤務をこなしている彼女に対して、それ以上の言葉は、ありませんでした。

彼女はまだ続けます。

「うちの保育園はまだいい方なのよ、月曜日以外は保育園の玄関まで連れて行けばいいんだからね。他の園では毎朝保護者が部屋まで上がって、トイレと部屋にそれぞれ置いてあるその子専用の『おむつ捨てポット』に、記名したビニール袋をセットしなくちゃいけないところもあるんだよ」

この友人の世帯は、都内の企業で夫婦共働き。1歳の子を区立認可保育園に週5日預けて、保育料は月額5万円ほどと言います。関東近県に住む別の友人は、同じような状況の市立認可保育園の週5日保育で、月8万円ほどの保育料を払っていました。

日本では保護者負担の保育料が自治体によって変わることも、この時知った驚きの一つでした。フランスでも保育料は保護者の収入により変わりますが、収入に対する負担率は公立園でも私立園でも同じように、全国で統一されています。

フランスならストライキ……

このような日仏の違いについてフランスの友人や保育関係者に話すと、十中八九、あんぐりと口を開けて驚かれます。特におむつのくだりでは、絶望的な顔をされます。

「なぜ、そんなことを保護者にやらせるの？」

「意味がわからない」

「保育士だって、排泄物の保管や受け渡しは苦痛でしょう。彼らはストでも起こさないわけ？」

それは……と私は説明を試みます。おむつのメーカーを自分で選びたい保護者もいるだろうし、衛生観念は日仏の違いが強く出るところだから、日本のやり方を一概に否定することはできない……。ですが彼らには通じません。百歩譲って理解を示すのは、おむつの持参まで。使用済みおむつを返すことには、子供の排泄状況を親に確認させる意味もあるらしい、と付け加えると「そんなことは記録すればいい」と一刀両断でした。

そのあと、こう続けた人もいました。

「排泄物を持ち帰らせるって、なんだか親に罰を与えているみたいだね。保育園は子供が育つための場所だけど、保護者の負担を軽減するための場所でもあるでしょう。日本の保育園は、保護者を助けるためにあるのではないの？」

これには、返す言葉が見つかりませんでした。

あまりにも違う、フランスと日本の保育園事情。この章では、フランスの保育園がどのようなものかをお話ししましょう。合わせて、保育園とともにこの国の子育てを支えているその他の保育手段についても、お伝えしようと思います。

保護者負担は最低限に

フランスの保育園は、「子供が健やかに発育するところ」であると同時に、「保護者の負担を軽減するところ」。お世話になってみると、その考え方が保育園運営の根本にあることを実感します。実際、求められる保護者参加は必要最低限でした。

保護者は朝、子供を年齢別の保育室まで連れて行き、担当の保育スタッフと「その日の子供の状態」について話をします。夕方にお迎えに行くと、保育スタッフが食事や昼寝、排泄状況などを保護者に報告。これは口頭のみで行われます。

子供が洋服を着替えるのは食事や排泄などで濡れてしまった時だけで、その場合は汚れた服がビニール袋（園配布）に入れて返されます。本人に不快感がない程度の汚れであれば、着替えずにそのままです。我が家の場合は1年間で数回、トイレトレーニング中はその回数が少し増えたかしら、という程度でした。

保護者会はなく、他の保護者と交わす会話は毎朝毎夕のご挨拶程度。日々のやりとり以外の保育園とのつながりは年に1回の説明会、年1回の個人面談、年に2回の季節行事（クリスマスと年度末のお祭り）に限られます。その行事の運営にも基本的に保護者が参加することはなく、「ご招待」での出席でした。私の場合、保育料以外で園に貢献したのは、長男・次男合わせてティッシュ4箱と生理食塩水4箱。バカンス明けのお土産や、年度末に担任の先生へ感謝のプレゼントを渡す慣例がありますが、プレゼントも千円くらいの小さなもので、当然、渡さない保護者もいました。

保護者に対して最低限のことしか求めない考え方は、フランスにおける保育園の始まりに由来しているようです。

保育園第一号

公的な保育園第一号が誕生したのは1844年、パリ。1830年代から本格化した工業社会で、給与労働者として働く母親が急増した時期でした。その設立の背景は、フランスの国立教育研究所が歴史資料として公開している『幼児教育及び教育学の新辞典』（1911年発刊、以下『新辞典』）に記載されています。

1840年代のフランスではすでに、2歳以上の「つきっきりで手のかからなくなった子供」を保育・教育する「保護室」が設けられ、全国で500軒以上運営されていました。これは3歳になると全児童が入学できる現在の「保育学校」の前身で、1826年に誕生し、1840年には約5万人の幼児がここに通っていたといいます。ところが、出生直後から2歳までの託児環境は全く整っておらず、母親は仕事を辞めて子守に徹するのが第一の選択肢でした。

経済的にそれが許されない母親は、何人もの子供をまとめて世話する乳母（劣悪な環境も多かった）に預けるか、教会などの運営する乳児院に託すか、年上のきょうだいを学校に行かせないで子守をさせるか。きょうだいがいない家庭では、赤ちゃんだけを一人で家に置いておくケースも多く、事故が絶えませんでした。最悪の場合では捨て子や殺人に発展することもあり、働く母親を持つ乳幼児の劣悪な生活環境は、社会問題になっていたのです。

労働者階級の悲劇を前に行動を起こしたのが、パリ一区副区長のフィルマン・マルボーでした。「保育料は安く、健康的な環境で、知見に基づいた世話を施す。幼児に優しい、改善された託児施設」。そう願って設立した保育園は、行政や報道機関、学者の間でも非常に好意的に受け入れられたといいます。翌年にはパリで5軒の保育園が新設され、2年後にはその波は地方の7都市にも広がります。新設の音頭取りは行政が行いましたが、その運営には慈善家が多く参加し、運営費にも個人篤志家の寄付が大きく貢献したそうです。

官民一体となった保育園事業は順調に普及し、前述の『新辞典』の刊行時には、「保育園はフランスで非常に大きな発展を見せている分野で、過去20年でその数は倍増している」までになりました。

立ち上げの当初にはもちろん、反対意見もありました。主なものは、「保育園は母子を分離させる」「幼児を1ヶ所に集めることは（公衆衛生の観点で）死の危険を伴う」「保育園はコストが高すぎる」など。現代でもまだ耳にするような意見に対して、『新辞典』は次のような反論を展開しています。こちらもまた、現代でも通用する内容なので、抜粋してご紹介しましょう。

「母子を分離させるのは保育園ではなく、家庭外での労働であり、生きるために母親が労働から収入を得なければならない状況である。保育園は、現状への最良の処方箋だ。乳児院に送るより母子分離は少ない。子守の家でより、保育園の方が良い世話を受けられる。親たちには金銭的な援助より、働くことへの援助の方が望ましい。働くことなく得る金が意欲を削ぐことは、あまりにも多い。労働で得られる収入は、施しよりも健全だ」

「幼児を1ヶ所に集めることの危険は、知恵と規則で回避できる。子供たちは保育園の敷地内で1日を過ごし、幼児がいない間、保育室は絶えず換気される。病気の子供は受け入れない。保育園は多くの場合、労働者の家庭より良い衛生状態に保たれている」

「保育園の維持費は、仕事を辞めた母親と子供が食べていけるようにするだけの援助金を渡すより、額が少なくて済む。援助金を受け取った母親が、自宅で子供を見ている保証すらないのだから」

（『新辞典』、著者訳）

そして同書は、当時保育園で育った子供たちについて「乳児院や自宅で育った子供たちよりも健康で、生存率が高かった」と結論付けています。

保育園は乳幼児を劣悪な環境から救済する場所で、同時に「保護者が働くことへの援助」である——その理念は、保育園の草創期から明確だったわけです。保護者が働くことを支援するために作られた施設である以上、そこで負担を増やすのは本末転倒、フランス人には理解できない論理と言えるのです。

保育園はすべて認可園

日本の江戸時代・天保の世と同時期に誕生した、フランスの保育園。その後1862年と1897年には、運営規則を定める全国令が交付されています。中でも特筆すべきは、「県知事の認可がない保育園は開設を禁止する」という条項でしょう。これは現在でも変わらず、法律に則した基準で認可を受けていない保育施設はCrèche（保育園）を名乗ることができません。言い換えると、フランスの保育園はすべて認可園なのです。対して日本では、自治体の基準を満たした園を認可保育園、満たしていなくとも保育園の届け出をした園を無認可保育園と区別しています（東京都には都の基準を満たした認証保育所がある）。

ただしフランスの保育園も、運営主体による違いがあります。公立、私立、企業内、アソシエーション（非営利団体的な組織）などがあり、中には保護者が運営に参加する「親保育園」という特殊な形態も存在します。

保育園を認可するのは地方自治体の長ですが、その認可基準が守られているかを調査・監督するのは、前章にも登場した地方自治体管轄の母子保護センター。認可の柱は「園内環境」「保育園従事者」「運営規則」の三つで、社会情勢に合わせて数年ごとに微調整が加えられていきます。認可基準は地方自治体によって変わりますが（特に園内環境）、大枠はほぼ共通しており、人員配置のように国の保険法で定められたものもあります。重要点を要約した記事がありますので、それを訳してご紹介しましょう。

〈園内環境〉

幼児の生活空間（日中の活動・昼寝・衛生処置用のスペース及びロッカー）は、幼児一人につき最低6～7㎡を確保する。園庭は、あるのが望ましいが、義務ではない。

〈保育園従事者〉

園長のほか、歩ける幼児8人につき一人、歩けない幼児5人につき一人の成人が必要。うち4割は小児看護師、看護師、幼児教育士、行動心理士、小児看護師補佐の国家資格保持者を確保する（その他3割は幼児教育職適性証か社会衛生職業免状保持者、3割は無資格者でも可能)。定員60名以上の施設の園長は3年以上の実務経験を持つ小児看護師資格保持者であるか、第二段階免状と3年以上の実務経験を持つ幼児教育士資格保持者であること。後者の場合、園内に常勤の看護師を別途雇用する必要がある。また、保育園は1名の医師と契約しなければならない。

〈運営規則〉

運営規則は母子保護センターと、(補助金を管理する)家族手当金庫の認可が必要。特に監督されるのは、確保すべき従業員数に直結する営業時間規定。受け入れ児童のワクチン接種条件や、病児保育の規則も明記すること。

(グザヴィエ・ベラン著「保育園の規則、誤解と正解」、『幼児教育の現実』179号、2013年5・6月より著者訳)

「保育士」資格は一つではない

ここまでご紹介した保育園の成り立ちに続き、そこで働く保育従事者の資格と待遇の体系、そして実務について見ていきましょう。日仏の比較をした場合、この違いも大きいと感じられるかと思います。

保育従事者と言えば、日本では国による「保育士」資格で一本化されていますが、フランスでは保育関連の国家資格が数種類存在します。そして同じ保育園に勤務していても、資格のレベルで労働時間や給与体系が変わります。この保有資格は園内のスタッフ紹介欄にも必ず明記され、親たちにも、子供の担当者がどのレベルの免状を持っているかが一目瞭然です。

保育従事者のレベルは二つに大別されています。まずは看護師と幼児教育士という、上級資格の保持者。大卒相当の資格で、3年の実務経験を積めば園長にもなれます。看護師の中には、専門教育と試験を経た「小児看護師」というスペシャリストもいます。看護師がいるおかげで、フランスの保育園では発熱など「重症でない病児保育」を行うことができ、在園中の投薬も可能です（投薬の前には保護者に連絡があります）。急病時の対応も、園内に看護師がいることを前提に、近隣の消防団との連携がマニュアルで定められています。

二つ目のレベルは「初級資格」と呼ばれる以下の3種類です。どちらも中学校卒業後に専門学校で学んだ上で取得する、保育関連資格の最初期のものですが、実務経験と研修を経て、上級資格に昇格できるものもあります。
・幼児教育職適性証（CAP Petit enfant）：国家教育省管轄
中学卒業後、専門の学校で2年間の教育を受けたのちに資格試験を受けられるもの。（CAPは様々な職業の種類がある）
・社会衛生職業免状（BEP Sanitaire et Sociale）：国家教育省管轄
中学卒業後、専門の学校で2年間の教育を受けたのちに資格試験を受けられるもの。
・小児看護師補佐（Auxiliare de puériculture）：健康省管轄
中学卒業後、専門の学校で1年の教育を受けたのちに資格試験を受けられるもの。専門学校受験時に17歳以上でなければならない。

フランスの保育園のスタッフたちは、国家資格のヒエラルキーで構成されているのです。息子の通った私立園では、1学年最大13人のクラスに3人のスタッフが配置され、うち一人は必ず上級資格者、二人が初級資格者で、スタッフの休暇時には上級資格を持つ副園長がサポートに回っていました。

待遇は、一般的なサラリーマンとあまり変わりません。まず勤務時間は、上級資格保持者が週37・5時間、初級資格保持者は週35時間。週休2日で、昼休みは平均的に1時間。有給休暇ももちろんあります。給与は日本のようにまず保育園の規模と属性（私立か公立か）、資格のヒエラルキーによって変わり、初級資格保持者は最低賃金（2016年5月現在で手取り月収1141・61ユーロ、日本円で約14万2千円）からスタート。上級資格保持者はその1・2〜1・5倍ほどの給与額からステップアップしていきます。園長クラスになると、看護師資格保持者の平均月収は手取りで約2200ユーロ（約27万円）、幼児教育士なら約2000ユーロ（約25万円）。これに加えて公立園・私立園とも、ボーナスが出るところもありますが、それでもまだ、待遇改善の必要が言われています。

「ここは集団生活の場」

実務面でも日仏の違いは大きいようです。例えばこちらの保育園では、親と園の間で毎日交換する連絡帳がありません。スタッフが子供の昼寝時間や排泄回数、食事の様子を記す日誌はありますが、それはあくまで園内資料。先生たちの労働時間が限られているので、滞りなく子供の世話ができるよう、業務内容が最適化されているのです。

我が家の子供たちが通った自治体提携の私立保育園では園庭がなく、「徒歩5分圏内の公園で時折外遊びをさせる」とのことでしたが、天気が良く、クラスの状態が良く（病気が流行《はや》っていない、など）、担任の先生たちが「今日ならいける」と判断する条件が揃った時だけ、多い時で月数回……と、その頻度は本当に不定期でした。

子供たちの食事エプロンや口拭き・手拭きは、前述したように園の共有品です。「その子専用」は存在せず、園のものを担当スタッフが毎日洗濯・洗浄して、子供たちに使わせます。行事も年に2回のみ。ここの園の場合、1回は保育園スタッフたちが企画運営しますが、もう1回は出張農園や児童向け劇団に委託した「お楽しみ会」でした。入園式や卒園式、運動会やお遊戯会もありません。かろうじて毎月の「お誕生会」はありましたが、それも親がケーキやお菓子を持参するのみ。おやつの時間がちょっと豪華になる、という程度です。

日本育ちの私には、こうしたフランス方式がそっけなく感じられることが多々ありました。特に寂しかったのは、入園式・卒園式がないこと。ですがフランスでは保育園に限らず、大学まで一貫して、そのような「式」を行う文化がないのです。またエプロンやタオルなどに「その子専用のものがない」ことも、どこかわびしい気持ちにさせられました。保育園ですべて見てくれるのはありがたいけれど、もう少し、家と園での生活をつなぐものがあっても良いのではないか。そんな声は、こちらの保護者の側からは上がらないのかと園長に尋ねてみると、こんな答えが返ってきました。

「ここは集団生活の場ですからね。原則が違うんです。例えば布おむつを使って欲しい、という声や、外遊びを増やして欲しいという希望は時々あります。要望は聞いて、検討しても、それが全体の運営を乱すようだったらお断りします。それが嫌なら、別の保育方法を探していただく。

私たちの仕事の基本は、保育園で過ごす間、子供たちがそれぞれ尊重されていること、愛情を受けていると感じられるようにすることです。そして自宅以外の場所での他者との生活から、知覚の目覚めを促すこと。それ以外のことは二の次なんです。これは保育関連の学校でも、まず教え込まれることなのですよ」

厳格にも感じる言葉ですが、この園長もそれ以外のスタッフも、子供と保護者にはとても温かく接してくれました。私の見る限りどの子供もスタッフにとてもよく懐いており、入園から1ヶ月も経てば、登園時に泣き叫ぶ子はいなくなっていました。

朝の送りと夕方の迎えの時には、スタッフが保護者一人一人と時間を取って話をします（保護者が急いでいる時は別ですが）、月に1回は園長と副園長が登園後に保護者と語らう「コーヒータイム」もありました。

もちろん自由参加なので、「急いでますから」と足早に駆け出る保護者もいましたが、大多数は5分だけでも立ち止まって話をしていきます。そこで育児相談をしたり、子供たちの発達や保育園生活についてより深く話を聞けたことは、保護者として大きな安心につながったものでした。

一度この園に、関東地方の保育園園長たちをお連れしたことがあります。2014年、フランスの保育事情を視察する旅のオーガナイズを手伝った時のこと。日仏保育園関係者のやりとりは興味深いものでしたが、中でも象徴的だったのは、日本の園長が発したこの一言でした。

「静かですねぇ。子供たちが叫んだり、先生が大きな声で注意したりしないんですね」

訪問時は午前10時頃、日中の活動時間の真っ最中でした。子供たちはそれぞれのクラスで、本の読み聞かせを聞いたり、絵を描いたり。フランスの園長は「子供ですから、大騒ぎの時もありますよ！」と笑っていましたが、確かに私もその園で、先生たちが大声で子供を注意している姿を見た記憶がありません。保育園の送り迎えで「うるさい」と感じたこともなく、もっと言えば、「保育園の騒音問題」をニュースで聞いたこともなかったのです。

日本の親たちにとってはそっけないまでに最適化されている、フランスの保育園。でも、そのおかげでスタッフの労働量は適度に保たれ、子供の世話に集中できている。親たちに掛かる負担も少ないため、通園にまつわる家庭内でのストレスが少ない。その環境がもたらす余裕のようなものが、園内の空気を作っているのかもしれません。

私が体験し、見聞きしたフランスの保育園の状況は右記のとおりですが、自治体や地域により、質の差が存在することは事実です。

ある友人はパリ11区の公立保育園に第一子を通わせていましたが、保育状況に不安を覚えて、第二子はベビーシッターに託すことを選びました。その園は、日中の活動プログラムが充実しておらず、スタッフたちの意欲も低かったそうです。彼女の第一子は退屈して園での昼寝時間が長くなり、その分夜の就寝時間が23時を過ぎるなど、生活リズムが完全に乱れてしまったということでした。

東京より厳しい？　パリの保活

100年以上の歴史を持ち、効率よく運営されているフランスの保育園ですが、その恩恵に与《あずか》れる家族が限られていることは、日本ではあまり知られていないのではないでしょうか。

3歳未満の幼児数に対して全国の保育園定員数は約16％と、絶対数が少ないのです。また大都市と農村部の保育事情の差が激しいのも特徴です。例えばパリの保育園定員数は3歳未満の幼児数の30％超、北部の都市リールでは49％に及ぶ一方、わずか6％という自治体も存在します。

日本はどうかと言うと、全国の就学前児（0〜5歳児）の人口に対する保育園定員数は認可園分が40・5％（厚労省「保育所等関連状況取りまとめ」平成27年4月1日より計算）、認可外保育所分が2・7％（認可外は定員設定が義務付けられていないため入所児童数、同省「平成26年度　認可外保育施設の現況取りまとめ」より計算）。ここに幼稚園も加わります。

比較的保育園数の多いパリですら、保育園枠を得るための活動、いわゆる「保活」にはかなりの労力が要ることがお分かりでしょう。

もちろん私も、保活に勤《いそ》しまざるを得なかった一人です。保育園の８割以上は自治体運営の公立園、もしくは自治体提携の私立園（自治体と同様の補助金をもらい、自治体に定員の数割を提供する）なので、入園枠の分配は主に自治体が管理します。私の場合は妊娠６ヶ月目、在住の自治体に仮申請を出すことが、保活の第一歩でした。保活は妊娠中から始めるというのは、日仏同じと言えるでしょう。

「最激戦」となるのは産休明けの４ヶ月児から受け入れる週５日の０歳保育枠、次が週５日の１歳保育枠と、これも日本と同じです。が、こちらには週３日までのパートタイム１歳保育枠というものがあり、これは当選確率がかなり上がります。パートタイム保育は自営業者や、祖父母の協力が得られる勤め人が多く利用するもので、自宅勤務の私も申請の提出時、こちらを選ぶことを勧められました。出産後、出生届を出すと本申請の完了です。

保育枠の割り振りは年に数回開催される、自治体の検討委員会で行われます。親の就業状況や収入、家族構成、子供の月齢・年齢などを考慮するといいますが、多くの自治体はその基準を明らかにしていません。

フランスの新学期開始は９月で、保育園も基本は９月始まり。ですが、子供の月齢と保育園の空き状況によって、9月以外の入園も珍しくありません。合否の連絡が来るのは入園の数ヶ月前で、9月入園の場合は6月頃です。保護者はそれまでの間に、当選確率を上げる戦略を打っていきます。

市長に手紙を書く、検討委員会を取り仕切る保育担当副市長に陳情に行く、保育園の園長と面談をしウェイティングリストに載せてもらう、自治体以外の枠を持つ保育園（後述します）を探すなどのことは、私も行いました。さる親向けの情報サイトでは、保育園園長の「熱心に連絡してくる保護者の書類は、検討委員会で重視する」というコメントを紹介していますし、年上の子を持つフランス人の友人からは「保活のポイントはしつこい陳情、そしてコネ！」との助言がありました。それらの戦略が本当に効果的かどうか、真相は闇の中ですが。

万が一落選した場合、そこから新たな預け先を探していては遅いので、同時進行で別の保育手段を探しておきます。そしてその「保育園以外の保育手段」の方が、実は、フランスでは多数派なのです。その代表格が母親アシスタント（Assistante Maternelle）、認可を得た成人が、自宅で数名の子供を預かる少人数保育です。これは一見、日本の「保育ママ」に似ていますが、その仕組みと普及度は大きく違います。

フランスでは、この母親アシスタントが提供する保育枠は約98万人、保育園定員の2・5倍にも上ります。

〈2013年　フランス全土の保育枠と定員数〉

保育手段	定員	3歳未満児100人に対するカバー率
保育園	約39万6千人	16％
母親アシスタント	約98万2千人	43％

（国立統計評価調査局「調査と結果931号（2015年8月）」、「保育枠調査」より、保育園に企業内保育園は含まない）

〈2013年　フルタイム共働き夫婦の平日の主要保育手段〉（最も保育時間の長いもの。他の保育手段と組み合わせているケースもある）

保育手段	割合
保育園	21％
母親アシスタント	38％

親（育休、時短勤務など）　27％
祖父母など家族　6％
保育学校　4％
ベビーシッター　2％
その他　1％
（家族手当金庫、全国乳幼児生活報告書2015〈2015年10月〉「2014年の乳幼児保育状況」より）

ここ数年、フランスで3歳未満の子を持つ共働き家庭の母親（子供は一人もしくは二人）の就業率は、約7～8割で推移しています。同じ条件でも子供が3人以上になるとぐっと減って、5割弱。シングルマザー・一人っ子世帯の場合は7割弱です。各種保育園と母親アシスタントのカバー率を合わせると、保育定員数は3歳未満児全体の6割ほど。残りのうち2割が企業内保育園やベビーシッター、育休や時短勤務、家族の協力で、これらを駆使することで、この国の働く母親の毎日が成り立っている、と考えることができます。

最初から保育園枠は考えず、母親アシスタントや共同ベビーシッターを探す人も、少なからずいます。フランスでは合法な契約であれば、保育園以外の保育手段にも補助金が与えられるので、そちらを選ぶ心理的なハードルが低くなっているのです（金額面については次章で詳述します）。

また3歳になる年の9月から全入の保育学校が始まるので、保育手段が必要なのは、産休明けから保育学校まで、最長で約3年間（通常9月に保育学校に入学するのは、2歳9ヶ月〜3歳8ヶ月の子たち）。その「期間限定」の感覚が、一つの保育手段にとらわれない柔軟性を後押ししているとも考えられます。

入念な保活は必要だが、当落の基準がはっきり公表されていなくとも良しとされていること。保育園以外の受け皿が充実しており、保育園に落選しても日本ほどの悲壮感や焦燥感が感じられないこと――これらは、少子化克服国フランスの大きな特長と言えます。ですからこの国では、保育園に落ちても大事にならないのです。

ではその、「保育園以外の受け皿」はどのように機能しているのか。次章で詳しくお伝えしていきましょう。

第4章　ベビーシッターの進化形「母親アシスタント」

母親アシスタントとは何か

フランスで、保育園よりもより多くの子供を受け入れている「母親アシスタント」は、どんな存在なのでしょうか。一言で言うと、「ベビーシッターの進化形」です。その歴史は中世に遡り、乳母、子守、母親アシスタントと名前を変えつつ、数百年以上存在してきました。

フランスの上流階級では長きにわたり、女性は「美しい女」であり続けることが「母親」の役割よりも優先されました。そのような家庭で生まれた子供は実母の乳を飲むこともなく、同時期に乳幼児を育てている乳母に託されます。乳母は農家の生まれなど社会的地位の低い人が多く、住居の衛生状況もあまり良くありませんでした。そのため18世紀になっても乳幼児死亡率は改善の兆しが見えず、4人に一人が乳児期に亡くなり、思春期まで育つ子供は二人に一人。前述のように工業化が進み、労働者階級の母親も働くために乳母が必要になってくると、それはより大きな社会問題となります。

１８７４年、乳母の義務と権利を定めるルーセル法が施行されますが、19〜20世紀前半までは戦争や社会動乱が重なって、状況は好転しないまま過ぎていきます。次の節目は第二次大戦後の１９４５年、母子保護センターが誕生し、乳母の監督機関を兼任し始めたことでした。時を同じくして粉ミルクが商品化され隆盛期を迎えると、乳母の役割は大きく変わってきます。「子守」の呼称が一般化するのも、この頃です。

１９７０年代に女性の社会進出が本格化し、保育の必要性が広範に論じられるようになると、子守の存在がクローズアップされてきます。そして１９７７年、母子保護センターが管轄する、子守の認可制度が始まったのです。名称は「母親アシスタント」と一新され、社会保障制度の枠組みに組み込まれた、公式な職業ともなりました。その職の権利を守り、労働条件を向上させるための組合団体も組織されます。

その後１９９２年、２００５年、２０１０年に大きな法改正を経つつ、現在の母親アシスタント業務はかなり法整備がなされています。専門の国家免状はありませんが、開業時に自治体主催で無料の60時間研修（1日6時間・週5日・計2週間）を受けることが必須です。加えて、母子保護センターによる複数回の訪問と面接で、フランス語能力や保育適性、保護者とのコミュニケーション能力、健康状態、自宅の衛生安全性、同居家族の犯罪歴などの審査が行われます。その他に重視されるのが、志望動機。母子保護センターでの面接では、母親アシスタントの職をどう考えているのか、どのように職務を遂行していくのか、その真剣さが認可の重要な要素とされています。

申請から認可までにかかる時間は通常3ヶ月で、一人～最大4人までの受託可能児数は審査結果により決定されます。そして開業から2年以内に、再度60時間の研修を受けることが義務付けられています。また認可の有効期限は5年間で、更新には再申請が必要です。ただし保育関係の国家資格保持者は、研修が免除されることもあります。

歴史的な背景から女性が多く、子持ち世帯の母親が自宅で安定収入を得るために選ぶ職でもあります。多くはありませんが、男性の認可取得者もいます。現代は父親の育児参加が当たり前になっていることもあり、「母親アシスタント」の名称が、より中性的な「親アシスタント」に変わる日も遠くないのでは、と思えます。

認可権をもつ母子保護センターは「母親アシスタントステーション」を運営し、センターの医療職員がサポートを与えたり、母親アシスタント間で交流できる場として提供しています。地方自治体によっては、母親アシスタントの勤務状況を監督するため、母子保護センター所属の小児看護師による抜き打ち検査を実施しているところもあります。

母子保護センターの統計によると、２０１３年、母親アシスタントの認可取得者は45万人以上で、実際に活動しているのは32万６千人。フランス社会では身近な存在で、私が以前住んでいたパリ郊外のマンションでも、下の階の奥さんが母親アシスタントをしていました。とても温和な人で、彼女自身の二人の子供たちも、礼儀正しい小学生。預かっている子供たちにも温かく接し、騒音などの問題もありませんでした。

「フランスの母親アシスタントは他国より恵まれていますが、改善すべき点はまだまだ多いと思います」

そう語るのは、14年の経験を持つ現役の母親アシスタント、フランソワーズ・ノーゼーさん。２０１２年には母親アシスタントの現実を記した本を上梓し、全国の母親アシスタント協会でも活動しています。彼女によると、一番の問題は地方ごとの格差。例えば認可基準には国の勧告書がありますが、地方自治体ごとに加える独自基準が多く、そこで勤務環境に歴然とした差が生まれるのだそうです。また年金や医療保険などの社会保障に関しても、枠組みはしっかりしているものの、内容的には他の職業に比べて未だ貧弱とのこと。
「それらを改善するための鍵は、母親アシスタントも国家資格にすること。認可制から一歩踏み込んで、その教育にも国が関わること。母親アシスタントは今、その段階に来ていると感じています」

「問題は、母親アシスタントの夫」

南フランスに住む夫の親戚に、二人の娘の保育手段として母親アシスタントを選んだ人がいます。共働き夫婦で、産休明けすぐの生後3ヶ月半から預けましたが、「こんなに小さな子供を保育園で団体生活させるには忍びない」との思いから、小規模保育の母親アシスタントを望んだとのこと。おむつやおしりふきなどの備品、離乳食の内容などを、自分で納得のいくように選べることも理由だった、とこの母親は言います。
「総合的には満足しています。特に良かったのは、私の頼んだ相手が、子供と閉じこもっていることがない人だったこと。毎日外遊びや児童館に連れ出してくれたり、他の母親アシスタントの子供たちと遊ばせる機会を作ったり。彼女の持っていた認可は託児人数4人までというものでしたが、中には週2日保育の子たちもいたから、同時期にのべ

10人くらいの子供を担当していました。それも私には逆に、安心材料だったんです。自分以外の親がそれだけこの人を信頼している、ということだったから。

一つ気になったのは、時々、彼女の夫が早めに仕事から帰ってくることでしたね。迎えに行った時に、その夫が子供もいる居間のテレビでニュースなんか見ていると、これは保育園ならないことだろうな……と思いましたよ」

母親アシスタントとその家族の生活に関しては、利用者の間でも議論になっています。ネット上のある保育関連フォーラムでは、「母親アシスタントに預けたはずなのに、その夫が子供の世話をしている！　どうしたらいいの？」と相談する声もありました（夫は認可を持っていないのだからすぐ解雇すべし、という返信が多数で、母子保護センターに通報すべし、との声もありました）。母親アシスタントの中には家を改築し、1階を託児専用に、2階を家族の生活圏に、と分けている人もいるそうですが、すべてのアシスタントにその余裕があるはずもありません。

親戚の娘たちは2歳差だったので、長女2歳、次女0歳の1年間は同時に託児できたことも良かったと言います。5歳になった長女は今でもこの母親アシスタントが大好きで、誕生会にも招待する仲だとか。

実はこの母親アシスタントは、親戚にとって二人目。一人目は向かいの家に住んでいる女性でしたが、試用期間だけで断った経緯があります。

「いい人だったのだけど、子供のいない人でね。それでも『子供が好きだからこの仕事をしている、だからとても幸せだ』と言われた時、ちょっと引っかかってしまったんです。この人の世話の仕方では、母親アシスタントが私の子の母親代わりになってしまうかもしれない。気にしない人もいるだろうけれど、私はそれは嫌だな、と」

また一人目の子は満3歳まで母親アシスタントの世話になりましたが、二人目は満2歳の時に、私立のプレ保育学校に入園させました。学校は父親の勤務先のそばで、送り迎えも、父親が通勤ついでにこなしたそうです。

「二人目が2歳になった時、一緒に保育されている子のほとんどが0歳児だったんです。同じ年の遊び相手がいない状況は、やっぱり良くないかな、と思って。2歳はいろんな面が発達する、大切な時期ですから」

母親アシスタントの数は年々増えており、「万事問題なし、ではないけれど、全体的に質は良くなっている印象がある」と親戚は言います。「特に数人の母親アシスタントが集まって、共同の託児場所で保育する『母親アシスタントの家』はいいですよ。数年前から始まった制度ですが、保育専用の場所で、認可を持つ数人の大人が保育してくれる。保育園と母親アシスタントの良い折衷案で、親としてはより安心ですよね。私がお世話になった母親アシスタントも、去年からこのやり方に移行した、と言っていました」

母親アシスタントも多様化が進み、子供の自発的な発達を重視する「モンテッソーリ」などの知育メソッドを掲げる人も増えているそうです。

雇用までの6ステップ

保育手段として母親アシスタントを選んだ場合、保護者が雇用主となり、いわば正社員格で母親アシスタントを雇うことになります。以下、雇用の段取りをまとめてみましょう。

1・候補者のリストアップ

自宅のそばのどこで、誰が母親アシスタントの仕事をしているのか？　探すのに最も手軽な方法は、保育支援サイトの市町村別検索エンジンです。これは「家族手当金庫」、フランスの家族関連補助金を管理する国家機関が運営しています。試みに私の現住所（パリ郊外の市、人口18万人）で検索したところ、1キロ圏内に35人の母親アシスタントがヒットしました。管轄の母子保護センターや母親アシスタントステーションも、大切な情報収集の場所です。とはいえ、これらは公的な情報でしかなく、実際に使えるのはやはり口コミ、特に先輩ママの推薦は強力です。

母親アシスタントは散歩や外遊びで近隣へ出歩くことが多いので、近所のパン屋やクリーニング屋などに尋ねると、お勧めの人を教えてもらえたりもします。

2・面接

リストアップが済んだら直接連絡を取り、面接します。その際は必ず子供と一緒に訪問し、保育環境、母親アシスタントの子供に対する接し方、自分の子供との相性などをチェックします。

3・交渉、契約

この人なら、と思える人に出会ったら、保育条件の交渉を行います。母親アシスタントの労働条件は一般的なサラリーマンとほぼ同じで、子供の保護者を雇用主とする雇用契約を結びます。契約は法定最低賃金が保障され、国の定める給与体系と社会保障制度に則ったもの。有給休暇や祝日休暇の取得、昼食費や交通費の補助もあり、必要な場合は保護者から経費の払い戻しを受けることも可能です。雇用に関する情報は、社会保険料徴収機構の「保育用個人雇用支援サービス」のウェブページにまとめられており、契約書の雛形も、ここで入手できます。

契約内容は交渉次第で、料金もそれによって異なります（給与の下限と上限は決まっています）。試用期間に関しても、交渉して決めます。

条件に合意できたら、本契約の前に「雇用約束書」を交わします。これは予約書のようなもので、保護者・母親アシスタントの双方に約束を守る義務が生じます。約束を破棄する場合には、合意した月給の半額を違約金として払わねばなりません。

4・契約手続き

契約を結んだあとは、家族手当金庫への雇用報告を行います。この報告により、保護者は各種の保育補助金を受けられます。また家族手当金庫経由で、前項の「保育用個人雇用支援サービス」へ「個人雇用主」としての登録が行われます。母親アシスタントも、同じ保育用個人雇用支援サービスに「従業員」として登録されます。

5・給与支払い

保育が始まると、毎月末に給与の支払いがあります。項目3で記した「保育用個人雇用支援サービス」のウェブページに給与と社会保険料の申告フォーマットがあり、ここに記入することで社会保険料の支払いと、給与明細の作成が同時に行われます。ここで算出された手取り給与額を、母親アシスタントへ直接、支払います。母親アシスタントは同じウェブページの個人アカウントから、給与明細をダウンロードできます。

6・契約終了

契約終了を希望する場合、契約1年以内なら15日前に、1年以上なら1ヶ月前に互いに通知し合う義務があります。契約開始から1年以上経っており、保護者から契約終了を願い出る時には、退職金も発生します。退職金は契約期間中の手取り給与総額の120分の1です。

こう書くと恐ろしく手間がかかるように見えますが、手続きはすべて整備されており、保護者は粛々とその手順を踏んでいけば良いようになっています。周囲には誰かしら母親アシスタントを雇用した経験者がいますし、最寄りの母子保護センターに行けば、いつでも必要な助言や支援が受けられます。

母親アシスタントのメリットは、保育園よりも枠を得られる確率が高いことと、少人数保育の環境です。母子保護センターが管轄している、という安心感もあります。デメリットは、保育人員が一人なので、母親アシスタントが病気になった場合には代理がいないこと。長期の療養が必要になった場合は、別の母親アシスタントを短期契約で雇わねばなりません。また、交渉次第とはいえ、必然的に保育園よりも保護者の物的負担が多くなります（おむつ、食事、着替え、おもちゃなど）。例えば離乳食一つとっても、保護者が毎日持たせるのか、母親アシスタントが作ってくれるのか。その場合はどんな食材をどのように調理するのか……多文化国家のフランスでは、離乳食の常識もその家庭の出自や宗教によって変わるので、小さくはない問題なのです。そんな母親アシスタントと保護者の攻防戦は、ネットの育児フォーラムで熱論が繰り広げられるお題の一つでもあります。

また母親アシスタントは自宅環境が認可に大きく関わってくるので、住居事情の悪いパリ中心部では、認可を持つ人が極端に少ない地域もあります。そして、大前提として、よく知らない他人の家に我が子を長時間預けるのを望まない家庭もあります。

そこで代案となるのが、共同ベビーシッターです。

共同ベビーシッターという手段

こちらでベビーシッターという場合、ハリウッドのセレブをイメージするような「子守専門のお手伝いさん」には限らないことにご注意ください。その形態はより多様で、身近です。毎日長時間、母親代わりに子供の面倒を見る人もいれば、週に数時間、保育園の送り迎えを手伝うだけという場合もあります。

代表例とも言える共同ベビーシッターは、複数の家庭で一人のベビーシッターと契約し、保護者の家庭で保育をしてもらうというもの。決まった家庭が場所を提供する場合もあれば、契約家庭を半々に、曜日ごとに回るケースもあります。こちらも保護者を雇用主とした労働法に基づく契約で、母親アシスタントと同様、正社員格の雇用が義務付けられており、前述の「保育用個人雇用支援サービス」を利用できます。公式契約を嫌い、非公式で雇う保護者もいるようですが、それは違法です。

ベビーシッターのメリットは柔軟性で、相応の給与を払えれば、合意の上で夜でも祝日でも働いてもらえます。フランス中が一斉に夏休みに入る8月は保育園も休業するところが多いですが（保護者はそれに合わせて夏季休暇を取る）、ベビーシッターは通年営業で、リッチな家庭となるとバカンス先に同伴することも。デメリットは母親アシスタントとほぼ同じですが、何よりも、母子保護センターのような管轄組織がないことでしょう。ゆえに、これぞと信頼できる人と巡り会うのにかなりの運か苦労を要し、大げさな人は「砂漠で宝石を見つけるようなもの」とまで言います。

共同で雇う場合はさらに、なるべく近所に、似た条件でシッターを探している家庭を見つけなければなりません。この家庭探しがまた難しく、需要の少ない地域では、シッターよりもパートナーの家庭を探すのに時間がかかることもあります。そこで活用されているのはインターネットで、有料・無料の様々なマッチングサイトがあります。

保育園から共同シッターに乗り換えた友人は、最初に母親アシスタントを探して見つからず、共同シッターを選んだ一人です。週5日のうち4日は共同で雇っている家で、

1日は自宅でという取り決めで、我が子ともう一人、同じ歳の子供を生後4ヶ月から見てもらっているそうです。

「シッターさんは、人によって本当に差があるの。子供が好きでしょうがない人もいるけれど、それは少数派。こう言っては失礼かもしれないけれど、シッター以外にできる仕事がない女性も多いんだよね」

彼女の率直な言葉はフランス、特にパリの問題を浮き彫りにしています。フランス社会における個人シッターは、アフリカ・アジアの旧植民地か東欧などの移民女性が圧倒的多数で、特にパリ市内ではその傾向が顕著だからです。シッターを募集したら200人から連絡を受けたという別の知人は、そのほとんどが移民系の女性だったと話してくれました。

ちなみに母親アシスタントでは、この比率が変わります。出自の目安として名前の姓がありますが、前述の母親アシスタント検索エンジンで我が家の周囲を調べた際、移民系の姓とフランス語由来の姓の人は、およそ半々でした。

実のところ、移民女性によるシッターのイメージはあまり良いものではありません。公園にシッター同士で集まり、子供そっちのけでおしゃべりをしていたり、ベビーカーを押しながらずっと携帯電話で話をしている、という印象を多くの人が持っています。実際にパリ市内では、そんな姿を見る機会が多いのです。数年前には、シッターの勤務態度を不審に思ったある保護者が自宅に監視カメラを仕掛けたところ、乳児をベッドに放り投げるなどの目を疑うような状況が明るみに出てしまい、ニュースとなったこともありました。

ちなみにフランスでも、保育中の事故は親たちの最大の心配事ですが、例えば「母親アシスタントに事故が顕著」などという分析データは、メディアにはほとんど出てきません。「乳幼児の事故」全般の統計資料はありますが、それが保護者の監視下か保護者以外による保育中のものなのかは区別されていないのです。本書の執筆中、健康省や母子保護センターに問い合わせをしましたが、返答はありませんでした。前述の母親アシスタント・ノーゼーさんも自著の執筆時、そのデータを探したものの見つからなかったそうです。統計を取るほどの事故が起こっていないのか、別の理由があるのか、それは現時点では残念ながら、測れずにいます。

「見聞きする限りの個人的な感覚ですが、この国の保育手段の多様さの割には、保育中の事故は少ないように思いますね」と、ノーゼーさん。別の保育関係者からは「避けようのない悲劇以外、過失致死などの重大事故はほとんどないのではないかしら。統計を取るほどでもない数なのでは」とのコメントもありました。

幾つかのデメリットはあれどシッターの需要は変わらず、むしろ同様の雇用が老人介護の業界にも広がっています。２０１６年4月には、そんな家庭での個人雇用の状況を一括して見直そうということで、5種・21の個人雇用職の「職業と職務」と「社会保障費及び給与体系」が再定義されました。この再定義により、ベビーシッターの給与は手取り時給が7・39ユーロ、月１７４時間勤務として月給１３００ユーロ前後（日本円で約16万円）が基準とされています。

現在の法定最低賃金は手取り月給１１４１・61ユーロ（約14万円）で、これはスーパーのレジ係や小売店の販売員、学歴を問わない単純作業職に適用されることの多い金額です。これらの職業よりも、ベビーシッターの方が若干、給与の上では好待遇であることがわかります。

それぞれ幾ら掛かるのか？

お話ししてきた保育手段の選択肢から、どれを選ぶのか。決定的な条件の一つはやはり、保護者の負担額です。ここからは各保育手段別の支払い額を見てみましょう。

保育時間の計算は家族手当金庫の資料による「典型タイプ」に則して、「月の保育時間162時間（1日9時間・月18日）」「共働き・子供一人世帯」で考えてみました。日本円とユーロのレートは、1ユーロ＝123円（2016年5月現在）として概算します。概算の内訳も記しますが、月額だけに興味のある方は読み飛ばしていただいて結構です。

1　保育園：月額上限　5万8千円
保護者支払い額は「1時間の保育料」単位の計算で、収入と世帯子供数により、国で基準が決まっています。公立も私立もその基準は一律です。計算法もわかりやすく、子供一人世帯なら、1時間の保育料は世帯月収の0・06％。子供が一人増えるごとに、0・05％、0・04％……と支払い率が下がってきます。

収入によって上限・下限があり、下限は月収660・44ユーロ（約8万円）で、子供一人世帯の時間保育料は0・40ユーロ。上限は月収4864・89ユーロ（約60万円）で、子供一人世帯の時間保育料は2・92ユーロです。夫婦共働きの子供一人世帯で、月の支払い最高額は473・04ユーロ、約5万8千円になります。

2　母親アシスタント：平均月額　10万9千円

母親アシスタントの給与基準は手取り時給で、最低時給は2・09ユーロと法で定められています。ここから保護者と母親アシスタントで交渉し、保育幼児数と保育内容に見合った時給を採用。加えて子供一人1日につき、最低2・99ユーロの「設備維持費」がかかります。これは母親アシスタントの家を保育室として使うための使用料というべきもの。また、その日の母親アシスタントの昼食代を保護者が一部負担するケースもあります。

家族手当金庫の最新資料によると、平均の手取り時給は3・36ユーロ、加えて設備維持費1日3・39ユーロ、食事代1日3・39ユーロを保護者が支払っているとのこと。月の支払い額は月給が544・32ユーロ（約6万7千円）で、設備費・昼食代の合計が122・04ユーロ（約1万5千円）。加えて、給与の約40％（約2万7千円）を社会保障費として、雇用主が国に納めなければなりません。社会保障費も全て合わせ、保護者の月の支払い平均額は884・09ユーロ、約10万9千円になります。

3　個人シッター：平均月額　25万7千円

こちらも手取りの最低時給が決まっていて、7・39ユーロ。家族手当金庫の最新資料によると、平均の時給は8・65ユーロです。月の保育時間162時間として、手取り月給は1401・30ユーロ（約17万2千円）。そして母親アシスタントと同じく、給与の約40％（約6万9千円）を社会保障費として雇用主が払います。合算すると、保護者の月の支払い額は1961・82ユーロ（約24万1千円）。共同シッターの場合は、これを人数分で頭割りします。

交通費の半額と昼食代の一部は雇い主が負担しますが、一般論として参考にできるデータが乏しいので、パリの平均値を引用します。パリ圏公共交通は月額パスが70ユーロ、その半額が雇用主負担なので35ユーロ（約4300円）。車通勤の場合は、シッターの自宅から雇用主の家までの距離に国の定める「キロメートル手当」を適用して計算します。昼食代は1日1食5ユーロ前後なので、18日分で90ユーロ（約1万1千円）です。交通費・食費の目安は月額で約1万5千円となります。ここに月給と社会保障費を足した保護者の負担額は、2086・82ユーロ（約25万7千円）です。

今回は比較のため月の保育時間を揃えて計算しましたが、個人シッターは契約する保育時間が保育園、母親アシスタントより長い傾向があります。前項で示したような「月174時間」が現実的な数字ですので、ここで計算した月給は「低めの目安」と考えた方が良いでしょう。

〈保育手段と保護者の支払い額（保育時間月162時間としての平均概算、保育園のみ上限）〉

保育園　5万8千円
母親アシスタント　10万9千円
個人シッター　25万7千円

（家族手当金庫、パリ市資料、社会保障及び家族手当負担金徴収連合の各資料より計算）

こう見ると、それぞれの保育料金の差がかなり大きく、特にシッター以外選択肢のない保護者の負担が膨大に思えます。が、そこは平等を国の理想に掲げるフランス。この格差を補填するため、母親アシスタントや個人シッターを使う場合、家族手当金庫から補助金が支給されるのです。

補助金の名は、「保育方法選択の自由のための追加手当」。義務教育前の６歳までの子の保育が対象です。受給には条件がありますが、平均的なサラリーマンならほぼあてはまる内容。受給額は子の年齢と保護者の所得によって変動し、３歳未満の場合、所得の高い順に月１７４・55ユーロ（約2万1千円）／２９０・94ユーロ（約３万６千円）／４６１・40ユーロ（約5万6千円）の３段階があります。必ず保護者が担うことになっている給与負担は、母親アシスタントやシッターの場合15％です。

またこの補助金の他に、所得税から保育経費を特別控除する制度「クレディ・ダンポ」があり、これはすべての保育手段に適用されます。控除率はどの保育手段でも一律、支払い額から補助金を差し引いた年総額の50％です。異なるのは上限で、保育園と母親アシスタントは子供一人につき年の支払い額２３００ユーロ（約28万円）まで、つまり最大１１５０ユーロ（約14万円）までが控除されます。ベビーシッターは子供一人につき年の支払い額1万２０００ユーロ（約１４８万円、以降子供一人につき１５００ユーロ増額）まで、つまり最大６０００ユーロ（約74万円）までの控除。もし所得税額が控除額より低い場合は、差額が小切手で払い戻されてきます。

保育園料金基準の上限額に当たる保護者収入は、「保育方法選択の自由のための追加手当」では1番目のカテゴリで、月の支給額は2万1千円です。母親アシスタント／シッターにこのカテゴリの手当が支給されると仮定して、年の負担額を概算・比較してみましょう。夏季休暇を考慮し、年間の保育必要月は11ヶ月とします。

加えて、母親アシスタントとベビーシッターに払う社会保障費の中にも所得税控除対象の項目があり、その分も累積で控除することができます。


〈保護者の負担額とクレディ・ダンポでの払い戻し額（概算、百円以下四捨五入）〉

保育手段	支払い額（11ヶ月）	払い戻し額	払い戻し後の負担額（年）
保育園	63万8千円	14万円	49万8千円
母親アシスタント	96万8千円	14万円	82万8千円
個人シッター	259万6千円	74万円	185万6千円
共同シッター（二分割）	118万3千円	59万2千円	59万4千円

（家族手当金庫、パリ市資料、社会保障及び家族手当負担金徴収連合、国税局の各資料

より概算）

さらに分かりやすく月額にしてみましょう。すると、

保育園　4万5千円
母親アシスタント　7万5千円
個人シッター　16万9千円
共同シッター（二分割）　5万4千円（いずれも百円以下四捨五入）

驚いたことに、共同シッターの負担額は母親アシスタントを使うより小さくなるのです。ただクレディ・ダンポの払い戻しは保育先への支払いから2年近く後になるので、雇用時に給与を支払えるだけの経済力がなければ、シッターを選ぶことはできません。結果としてシッターの選択肢は、ある程度経済的に豊かな世帯に限定されます。

経済的・物理的・心理的な負担を総合して考えるに、保護者に最も優しいのはやはり、保育園といえるでしょう。保育オプションが豊富でも「保活」が激しくなるのには、このような背景があります。

保育園に入れるのは誰なのか

では実際、フランスで保育園枠を得られるのはどんな人たちなのでしょう。

前述の通り、保育園枠の割り当て基準は自治体により異なり、多くは公にされていません。が、世帯内の稼ぎ手の数と世帯収入が多すぎないことが最大のポイント、というのは共通しています。前述の補助金給付機関「家族手当金庫」が毎年、国の保育事情を俯瞰する白書をまとめているのですが、その中では「世帯収入が法定最低賃金の何倍か」によって、保育手段の統計がとられています。それによると、保育園に多い保護者のゾーンは、月収が法定最低賃金の2〜3倍まで。それ以上の収入がある家族は、母親アシスタントや共同ベビーシッターを利用する場合と、保護者負担額の差が少なくなってくるのです。自治体の検討委員会が枠を割り振る時、このゾーンを念頭に置いて「ここより収入の多い家庭は、保育園でなくとも大丈夫」と考えるであろうことは、容易に想像がつきます。

２０１６年現在の法定最低賃金は月収で手取り約14万円なので、保育園に適しているのは夫婦共働きで世帯収入約30万〜45万円まで、と考えられるでしょう。ちなみに申請時に記入する収入はその前年の確定申告額で、申請書にはもちろん、確定申告書のコピーも添えなくてはなりません。

フランスは歴史的に階級社会なので、世帯収入による生活の違いは数世代にわたって定着しています。現代でも保育園は低～中所得者のもので、高所得者たちの間では「まず入れないもの」と認識されています。それでも社会問題となるほどの不満が出ないのは、保育園以外の保育オプションを選んでも、補助金がしっかり支給されるから。経済状況に見合った支援を多角的に行うことにより、保育オプションの住み分けがスムーズになされているように見えます。

政権も推す母親アシスタント

現オランド政権は、保育園増設と共に、母親アシスタント枠の拡大を家族政策の方針の一つにしています。第１章で述べた「男性の育休取得」促進策の一つとして、政府は２０１７年までに27万５千の保育枠増加を掲げており、そのうち10万が保育園、同数の10万が母親アシスタントによる増枠と見込まれています（現実はなかなか厳しいようですが）。保育園よりも母親アシスタントの方が時間的・物理的に増枠のハードルが低いことに加え、公的支出が少なくて済むのが、その大きな理由です。
例えば夫婦共働き、世帯収入が法定最低賃金の2倍の家の子の保育料に対して、公的負担は以下のように変わります。

〈保育手段ごとの公的負担額（幼児一人当たり、月額）〉
団体保育（各種保育園）　1325ユーロ
母親アシスタント　843ユーロ
共同ベビーシッター　941ユーロ
単独ベビーシッター　1298ユーロ
〈家族手当金庫、全国乳幼児生活報告書「2014年の乳幼児保育状況」〈2015年10月〉より〉

公的負担のこの差に大きく関わっているのは、団体保育に対する国の補助金です。子供一人・1時間にかかる保育料（上限あり）の一部が、「単一支援金」の名の下、家族手当金庫から各種保育園に分配されているのです。

その他にも、国は保護者の所得税の特別控除、保育関連企業への法人税特別控除なども実施しており、右記の表はそれら全てを合算したものです。母親アシスタントは現時点で、国の負担が最も少なくて済む保育対策なのです。実際、過去20年の母親アシスタントの増加実績はめざましく、1990年には約10万人分だった母親アシスタント保育定員が2006年には約71万人分、2013年には約99万人分になっています。

母親アシスタントの開業者を増やすため、国は現在、新規開業者に300ユーロの開業支援金を与えています。また2010年の法改正では、複数の母親アシスタントによる集団保育が認められました。最大4人までの母親アシスタントが、一つの物件に「母親アシスタントの家」を設け、そこで共同で保育をするという新たな形態です。母親アシスタントの一人が特別な審査・認定を受け、「施設長」の立場を担います。ここまでくると、保護者にとって母親アシスタントは、保育園に近い存在になってきます。

2014年、0歳から6歳までの乳幼児保育・教育に対するフランスの公的支出は、約313億ユーロ（約3兆8500億円）。うち約半額が0歳から3歳までの保育に使われています。各種保育園への補助金は約59億ユーロ、母親アシスタントへの補助金は約45億ユーロ。育休など仕事を中断して子育てをしている世帯への補助金は約29億ユーロです。この数字からも、国が保育園についで、母親アシスタントを重要視している様子が分かります。

「企業枠」という新ビジネスモデル

とはいえ、国がどれほど母親アシスタントに肩入れしても、保護者が最も強く求めるのはやはり保育園です。前述した物理的・経済的負担の軽さに加え、フランスでは乳幼児期の団体生活こそが子供の社会性を養うという考え方があり、保育園は3歳全入の保育学校への良い下地作りの場とも見られているからです。「3歳までは母親と過ごした方が良い」という3歳児神話がまだ根強い日本から見ると、対照的な考え方に思えます。

保育園の枠は2009年から2013年の4年間、年間約1万枠ずつ増加しています。その立役者として、いま注目を集めているのが私立保育園です。フランスでは長年、「保育園は、国や自治体が家族政策として手がけるべきもの」という考えが一般的でしたが、2000年代の中頃から変化が見られ始めました。私立保育園がじわじわと数を増やし、従来にはない方法で、保育枠を拡大しつつあるのです。

中でも代表的な存在が、業界最大手のバビルーグループ(Groupe Babilou)。創業は

2003年と若い企業ながら、現在フランス全土に320の直営保育園を持ち、そこで合計1万5千以上の保育枠を提供しています。もともとは企業内保育園の開設・運営代理事業からスタートしましたが、2009年に新しいビジネスモデルを考案し、一気に顧客数を増やしました。

ビジネスモデルの名は「1001の保育園」（『千一夜物語』からの言葉遊び）。民間企業の人事部を顧客とし、保育園枠を従業員用福利厚生オプションとして販売しているのが新しさです。保育園枠は年間1枠から契約でき、その枠は契約企業の従業員の住宅から、最も近い保育園で提供されます。預け先の保育園は前述の320の直営園のほか、全国1000以上の提携園から選ぶことができます。

これまでも民間企業が福利厚生として従業員の保育支援をすることはありましたが、そのほとんどが企業内保育園、もしくは従業員自らが手配した保育手段に対して補助金を支払う形でした。バビルーの方法はいわば、保育支援の新しいアウトソーシングです。企業は設備投資することなく保育枠を従業員に提供でき、従業員は自宅近くに預け先を確保できるようになりました。

「（社員も会社も）まさにウィン・ウィンの事業ですね。アイデアのヒントをくれたのは、当社の企業内保育園を利用していたワーキングマザーの一人なんですよ」

バビルー創業社長のロドルフ・カール氏は、その経緯をこう説明します。

「その母親は当時、勤務先に隣接する保育園を使っていて、子供と二人、毎日片道45分の電車通勤をしていたんです。ある時彼らの自宅のそばで、偶然にも当社が、ある工場の企業内保育園を作ることになった。工事現場に当社のロゴを見た母親が言ったんです。どうせ同じ保育園グループなのだから、家のそばの新しい園に入れてもらえたらいいのに、と。聞いた時、これだ、と思いましたね。これこそ道理にかなっている、新しいビジョンだと」

そのアイデアを顧客の人事部に話したところ、反応は上々。すぐに自社保育園から対応を始め、2009年には同業他社とも提携を開始、フランス全土で「1001の保育園」のネットワークを立ち上げます。1枠からでも契約できる柔軟性が受け、それまでバビルーにとって未開拓市場だった、中小企業の顧客が急増しました。現在バビルーグループには150の地方自治体と850の民間企業の顧客がいますが、民間企業の大多数は従業員250人以下の中小企業です。また全契約の9割以上がこの「1001の保育園」で結ばれています。

「それまで保育の福利厚生は大企業の専売特許でしたが、私たちの新しいビジネスモデルを通して、より多くの人が享受できるようになりました。例えば社員3人の会計事務所が、1枠3年間の契約をするのは、その典型でしょう。企業が保育支援をするのに、企業内保育園を持つ必要がなくなったのですから」

このビジネスモデルの成功の要因を、カール氏は「社会の要請」と分析します。

「社会は大きく変化しつつあります。10年前はまだ、営業先の人事部に鼻先で笑われたものです。『なぜ私たちが民間のあなたたちにお金を払って、社員の保育園の世話をしなければならないのか？　そのために国に莫大な社会保障費を払っているのに！』と。でも今は違います。

優秀な人材を確保し、効率良く働いてもらうためには、企業は社員のプライベートの安定を支援する必要がある。乳幼児を持つ社員にとって、保育場所の確保はかなりストレスの強い案件です。働き方に適した保育先が見つからなかった場合は、遅刻や欠勤が重なることもある。そこを企業がカバーすることで、社員の能率やモチベーション、企業への忠誠心は確実に上がります。社員の生活環境がその経済的パフォーマンスに直結していることは、今や世界的に認識されている。雇用主は社員の保育支援を、コストではなく投資として考える時に来ているのです」

社員の意識が保育事情を変える

その社会の変化には、社員の側の意識の変化も含まれています。かつて会社は「働くためだけの場所」で、そこに家庭の事情を持ち込むのは、フランスでもタブー視されていたそうです。母親の就業率が上がり、父親の育児参加が奨励されていくにつれ、それは必然的に変わっていきます。「分水嶺は、今40歳前後の世代」と分析するカール氏自身、26歳で起業し現在39歳、４人の子供の父親です。現役の子育て世代で、社会の変化を我が事として実感してきました。

「僕たちの世代にとって、会社は仕事をするだけの場所ではありません。私生活と同列にある、〝人生を生きる場所〟です。子供の話だって当然しますし、上司にはその点に理解があってほしい。その感覚が近い同世代がここ10年で役職につき、意思決定をするようになってきました。起業当初は僕のオファーを鼻で笑っていた会社でも、今では人事部トップに僕と同世代の人が就き、当社のサービスを求めるようになっているんです。12年間通い詰めてやっと、今年初めて契約を獲得した企業もありますよ」

カール氏は、今後ますますその傾向は強まるだろう、と見ています。

「今の若者が企業に求めるものが何か知っていますか？　対話と評価です。自分を大切に考えてくれることを求め、働くのに快適な場所を探している。それに応えられる企業でなければ、優秀な人材は確保できないのですよ」

バビルーのような民間企業の保育園業界への参入は、国や自治体にも歓迎されました。民間企業が社員用の保育枠を自前で確保してくれれば、自治体枠の競争率が自動的に下がっていきます。そして企業が福利厚生として保育園枠を買うことは、バビルーグループによる保育園増設の費用の一部を、企業が負担することを意味します。結果として、保育園増設に対する国庫負担が減っていくのです。

バビルーグループの保育園の運営費は、保護者が20％、企業が60％、国・自治体が20％負担しています。ところが企業が社員の保育支援にかけた金額の50％には、国の家族政策の一環で、かの「クレディ・ダンポ」での税金控除措置があるのです。よって結果的に、企業の負担は30％、国・自治体の負担は50％となります。

じつは、息子たちが満1歳から通った保育園はバビルーグループの運営でした。枠は自治体からの割り当てでしたが、次男が通い出して2年目に、夫の会社がバビルーグループと「1001の保育園」で契約をスタートしたとの案内が届いたのです。自治体枠から企業枠にスライドしても、保育場所や保育料負担率の変化は一切ないとのこと。さらに自治体枠は週3日の登園でしたが、企業枠なら週4日もしくは5日を選べる、とのオマケもつき、迷わず「枠の乗り換え」を決めました。

我が家は保育日数が増えて万歳（保育料はもちろん日数増加に合わせて増額でしたが）、自治体は我が家が放棄した枠を別の家庭に振り分けることができ、待機児童問題の解消にささやかながら貢献したことになります。民間企業が参入することで保育枠が拡大する効能を、身をもって実感したエピソードです。

とはいえ私立保育園が増えるのは、いいことずくめではありません。例えば「保育の質」の低下。これは日本と同様、フランスでも危惧されています。認可園しか存在しないとはいえ、現場の質は運営するスタッフにより大きく異なることも、前述した通り。私立保育園の開園には設置決定から6ヶ月しかかからないと言われますが、保育スタッフの育成がそのスピードに追いついていないのです。加えて保育スタッフの待遇は公立園（公務員枠採用）の方が私立園より優れており、資格保持者はまず公立園での就職を希望します。結果、私立園業界での資格保持者は職場を選び放題で、職場定着率が上がらない傾向も見られます。

でもそれらがフランスでは、社会問題にまで悪化していません。保育園以外の保育手段が充実し、不満のある保護者は保育手段の乗り換えを厭わないからです。私立保育園は保護者からも保育スタッフからも「選ばれる」存在でなくてはならず、結果、保育の質を重視せざるをえない流れがあります。バビルーは子供の知育を促す年間プログラムと社員のキャリアアップ支援で知られ、同業他社の「キャップ・アンファン・グループ」は音楽を用いた知育で、「ラ・メゾン・ブルー・グループ」はエコロジーを重視した運営を売りにしています。保育手段の種類や数を増やすことで競争原理が働き、保育の質の維持・向上に繋がっているのです。

前向きに発想を転換してみる

フランスの保育事情を知って感じるのは「日本とは根本から考え方が違う」ということではないでしょうか。同じ「保育園」と呼ばれる場所でも、実態は大きく異なります。労働環境や文化・歴史、国民性の違いが、保育事情に如実に反映されているのです。

でも、そこで思考停止してしまうのはもったいない。あまりにも違う「根本の考え方」は、幾多の小さな違いを一足飛びに越えて、何がしか「発想の転換」をもたらす可能性もあります。大げさですが、天動説から地動説へと「コペルニクス的転回」があったように、大枠の発想の転換は、物事を変える第一歩になるはずです。

たとえば「保育園に入れないかもしれない」と悩む保護者は、保育枠＝保育園と決めつけるのをやめて、母親アシスタントのような、個人規模の保育手段を代替案に据えてみる。そこで思い浮かぶのはやはり保育ママ（家庭的保育者）でしょう。

日本では1950年代に「昼間里親」として誕生し、2010年より児童福祉法に位置付けられた保育事業となっている制度です。保育ママは保育士や看護師の資格を持つ人を主な対象とし、それらの資格保持者の「保育園以外での働き方」としても期待されました。2008年からの2年間で従事者数が10倍に増えたという数字もありますが、2012年度の全国合計数は1249人（総務省「ワーク・ライフ・バランスの推進に関する政策評価　2013年」）。増加したとはいえ、保育枠は5000人に届かない少数派の域です。

その理由の一つとして、保育ママが完全な個人事業主で、所得の不安定さや社会保障の条件が厳しさから、なり手が増えないことが挙げられています。また保護者の側から見れば、保育ママの実態がよく認識されておらず、「どこの誰とも分からないおばさんの家」に子供を託すことは考えられない、という声も聞かれます。

この状況を変えるにはどうすれば良いでしょうか。フランスにヒントを得るならまず、保育ママを個人事業主ではなく、身分の保証された「正規従業員」とするアイデアがあります。前述のように、フランスの母親アシスタントは保護者を直接の雇い主とする正社員格の労働者で、その職能や身分は、全国組織の母子保護センターが監督しています。

日本では世帯による個人雇用の文化がないので、そのまま採用することはできませんが、日本にあったやり方は必ずあるはずです。たとえば、公立保育園勤務の保育士のように、自治体などの公的機関が保育ママ資格者を雇用する。そして保育園枠に落選した家庭に、「個人保育士」として派遣する。保護者は保育園を利用する時と同じように、自治体に保育料を納める。保育料は保育園より若干高く設定し、「納税額の多い家庭は優先的に個人保育士の枠を与える」と線引きをすることもできるでしょう。

納税額の多い家庭は居住環境もより良いでしょうから、保育園に託さずとも、自宅に十分良好な保育環境が整っていると考えるわけです。公的機関が間に入ることで、保育ママも、利用する保護者も、安心感が倍増すると予想できます。保育料を多めに払ったとしても、身元の確かな保育士に子供を自宅で見てもらえるなら、送迎する手間も省けるわけで、それを歓迎する家族もいるはずです。ちなみにこのような訪問型個人保育は日本でも、病児保育と障害児保育ですでに実現されています。

見知らぬ保育ママに子供を託す気になれない、という拒否感に対しても、対策は考えられます。こちらの母親アシスタントは「ベビーシッターの進化形」と書きましたが、それは「子守」を一つの職業として再定義し、制度を確立させてきた成果です。同じように、日本の保育ママを職業として再定義してはどうでしょうか。「家庭で働く保育士」と明確にし、保育園と同等の社会的信頼や地位を与えることを目指す。保育ママの通称は親しみやすいですが、その分「保育のプロ」感が薄れる副作用もあるようなので、「訪問保育士」や「個人保育士」のような、分かりやすく硬派な通称に変更する必要もあるかもしれません。

重要なのは保育ママを「どこの誰ともわからない近所のおばさん」ではなく、専門知識を持ったプロとして扱うこと。そして、社会全体が広くそれを認識することです。そのためには国や自治体が率先して彼らの雇用主となり、信頼性を保証する。そうなれば保護者も「我が子を安心して任せられる相手なのだ」と思えるでしょうし、保育士資格を持つ人も、「資格を活かせる新しい職業」として考えられるのではないでしょうか。

またフランスの「母親アシスタントの家」のように、数人の保育ママが一ヶ所に集って保育を請け負うことも、保護者の安心感を増す一案です。東京都のように、認可園開設に必要な土地が確保しにくい都会では、こうした小規模保育の増設を優先したほうが、保育枠は増やしやすいはずです。

このような「小規模の集合保育」も訪問型個人保育と同様、日本ですでに始まっていることをご存知でしょうか。0～3歳未満の子供6人～19人を受け入れる「小規模保育事業」です。この保育事業には3種類あり、A型は従業員の100％が保育士、B型は50％が保育士、C型は家庭的保育者が中心となります。2015年の施行から1年でその数を47％も増やし（内閣府「第28回子ども・子育て会議資料5」より計算）、待機児童問題を打破しうる新しい可能性として注目されている一方、年齢制限がついている点には改善を求める声が上がっています。

企業の側から考えるのなら、社員に長期の育児休暇を認める代わりに、社員のライフスタイルに合った保育手段を提供する。有能な人材を数年間手放すより、短期の休暇の後に仕事に戻ってもらった方が効率的であることは明白です。前述の保育園グループ・

バビルーは、ここ数年のうち、日本進出も視野に入れているといいます。福利厚生として保育枠を提供するシステムは、公教育の開始が6歳と遅く、保護者が自分で保育・教育手段を確保せねばならない期間が長い日本にこそ、合っているかもしれません。

もし連絡帳をなくしたら？

このような発想の転換は、今日本で議論となっている、保育士の過密労働に関しても有効でしょう。たとえば、保育園の連絡帳をなくしてみると考えるのはどうでしょうか。

子供の生活に関する情報は、保育園と保護者の間では口頭で共有するのです。保育園の毎日はさほど変化に富んだものでもないのだから、報告は実は、口頭でも十分なのかもしれません。連絡帳がなくなれば、その記載に使っていた分だけ、保育園スタッフの負担は軽くなります。またおむつは「保育園が処理するもの」と国が決めてしまうことも一案です。保育士が使用済みおむつを保管し、保護者に引き渡す作業が丸ごとなくなります。園が企画・運営する季節の行事も、少し減らして良いかもしれません。保育士の労働負担を減らすため、保育士の配置数を増やすのではなく、労働内容自体をスリム化するというわけです。

これにはもちろん、保護者の方の発想の転換も必要でしょう。保育園と一緒に子供を育てていくにあたり、大切なことは何か。保育士の限られた労働力を最適に使い、より良い心身の状態で、子供の世話に集中してもらえること、ではないでしょうか。

フランスと比べ、日本の保育園の多くは、かなり手厚い保育を行っています。毎日の連絡帳、トイレや食べ方のトレーニングに加え、運動会や芋掘り会など、四季折々の行事……子供たちの「もう一つの家庭」と言えるほどの充実度です。それを可能にしているのは他でもなく、保育士たちの過重労働です。その負担を減らすために、保護者も今、本当に求めるべき保育内容を再考する時が来ているのではないでしょうか。例えば季節の行事を子供に体験させたいなら、保育園に任せるのではなく、週末に家族で行えばいいのです。

発想を転換すると、日本の現状を生かして発展させる鍵は、まだまだあるように思えてきます。

私が視察をお手伝いした保育園関係者の中に、ある社会福祉法人の代表がいました。代表は視察後にそんな発想の転換を行い、実行に移した一人です。俎上に載ったのは「おむつの名付け」。フランスでは、おむつの名付けは存在しない。ということは日本でも、これはなくても良いのではないか？　やめるには、どんな方法があるだろう——考えた末に代表は、子供一人一人の名前をつけた「おむつボックス」を設置します。

保護者が朝に持参したおむつを、その箱に入れる。決まった箱に入れるので、個々のおむつへの名付けは必要なくなります。おむつボックスは100円ショップで購入したそうで、かかった費用は数千円。たったそれだけのことで、その保育園に通う保護者の毎日の負担は、確かに軽減されたのです。ちなみにこの社会福祉法人の保育園では、10年ほど前からすでに、おむつの廃棄を園で行っていました。

保育業界の現実はもちろん、私が考えるよりずっと複雑です。それは重々わかった上でも、フランスをネタに発想を転換してみることは、あながち無駄ではないように思えてなりません。全国の保育園が使用済みのおむつを捨て、おむつボックスを導入すれば、「持ち帰って捨てるおむつの名付け」をしなければならない保護者は、確実に、日本からいなくなる。使用済みのおむつを管理しなければならない保育士もいなくなる。それを歓迎する育児中の父親・母親・保育士は、私の知る限りでもたくさんいます。こうして一つ一つ、保護者と保育関係者の負担を減らし、小さなことから育児事情をよくしていくことが、積もり積もって少子化改善の一助になると思うのです。

第5章　3歳からは全員、学校に行く

就学率ほぼ100%、無償の教育

少子化克服国フランスの子育て支援システムをいろいろとご紹介してきましたが、中でも私が一番感心したのが、「はじめに」でご紹介した「保育学校　École maternelle」です。

この国で生活する3歳児・4歳児・5歳児なら誰でも通うことができる、無償の学校。教材や文房具はすべて学校から支給されます。

2016年現在でフランス全土に1万5216校あり、約250万人、つまり3歳児～5歳児の人口のほぼ全員が通っています。

教育方針は日本の文部科学省に相当する国家教育省が定めており、教員はみな国家教員免状の持ち主です。学校のほとんどは市町村立で、私立校も存在しますが、その数はわずか137校（0・9％）。しかもそのほとんどは国と契約を結び、助成金を受けています。

保育学校は名実ともに「3歳からは国が子供の面倒を見るシステム」で、言い換えれば、フランスには3歳以上の待機児童が存在しないということ。第3、4章でご紹介した保育事情も、3歳全入のこの保育学校を前提に整えられています。

無料で国が子供を預かり、しかも教育までしてくれる――共働きの親としては、涙が出るほどありがたいことです。私自身、長男の保育園は週3日しかなかったので、「3歳になれば、あとは毎日保育学校がある」と思いながら、仕事と育児の両立を乗り切ってきました。保育園のない日に仕事が入った日はベビーシッターを頼まなければならず、その代金だけで、1日1万円以上かかっていたのです。

しかし、実際に入学が近づくと、疑問点が次々湧いてきたのを覚えています。

言葉もおぼつかない3歳児が、「学校」で何を学ぶというのだろう？

保育園とはどう違うのか？

パリ近郊は人口が多いため、ほとんどの学校は一クラス25人以上。入学時点で満3歳の息子が、毎日そんな人数での集団生活に耐えていけるのか？

授業は朝8時半から夕方4時まで、週4日半（水曜日は半日授業）。そんなスケジュールをこなせるのか？

トイレや食事の世話は、誰がしてくれるのか？

人生初の学校は「6歳からの小学校」が当たり前だった私には、保育学校はなんとも、イメージしにくいものでした。読者の皆さんの中にも、同じように感じる方が多いのではないでしょうか。この章ではまず、保育学校での生活を具体的に説明することから始めようと思います。

ちなみに日本でも、3歳児~5歳児が通う学校、幼稚園があります。こちらも文部科学省の管轄で「教育」を提供しているのですが、保育学校の実態とは、大きく異なっています。保育園とも幼稚園とも違う学校がどんなものか、見ていきましょう。

入学の条件は二つ

フランスの新学期の開始は9月で、「ある年の1月から12月までに生まれた子供」が、

1学年とされます。保育学校は満3歳の年に入学するので、毎年9月に2歳9ヶ月〜3歳8ヶ月の子が一斉に、保育学校の「生徒」となります。

入学条件は、二つ。おむつが取れていることと、在住の市町村に入学希望を出すことです。なのでこちらでは何か事情がない限り、3歳児は全員おむつが外れています。何が何でも入学前に外さないといけないので、8月までおむつが取れていない子の親は戦々恐々、半ばノイローゼ気味になる……なんてことも。

保育学校は義務教育ではありませんが、「家族が入学を望む限り、すべての3歳児が受け入れられる」（フランス教育法典L113-1より、著者訳）と法で定められているため、市町村はどれだけ人数が増えようと、希望のあった子供たちをすべて入学させなければなりません。

それでも学校の敷地はすでに定まっており、生徒が増えるごとに、校舎を増築するわけにもいきません。先生の不足からではなく、敷地の問題ゆえに一クラスの人数は多くなり、最新の全国統計では、20〜24人クラスが全体の39・6%、25人〜29人クラスが最も多く46・7%といいます。ただ1学年に一クラスしかない学校も多く、全国の保育学校の58・6%は、全学年合計で3〜5クラスという規模です。一クラスの人数は多いが、学校一つ一つの規模は小さい、と言えます。

３歳が「年少クラス」、４歳が「年中クラス」、５歳が「年長クラス」で、学校によっては2学年混合クラスもあります。

誰でも入学できる公立校ということから、生徒の出自や社会階層のバラエティはとても豊か。外国出身の母親に３歳まで家で育てられた子は、フランス語をあまり理解できないまま入学してくることもあります。加えて２〜３歳児はまだ月齢によって発達具合が大きく異なる時期。能力が不揃いで、「同じようにはできない」子供たちが集まっていることが、保育学校の前提条件です。

週24時間を過ごす教室

授業時間は国の定めで、週24時間。始業は8時半前後、終業は16時前後ですが、厳密には市町村によって変わります。細かい話ですが、長男が２０１５年夏まで通っていたパリ西郊外の保育学校と、次男が現在通っているパリ東近郊の保育学校では、始業が15分、終業が30分、それぞれずれていました。

〈保育学校の授業時間〉

月・火・木・金は終日、水は半日授業

パリ西郊外の学校：始業8時半、昼休み11時半〜13時半、終業15時45分

パリ東郊外の学校：始業8時45分、昼休み11時45分〜13時45分、終業16時15分、水曜日の午前中は8時45分〜10時45分

（国家教育省ウェブサイトより）

市町村によっては始業1時間前より「朝の学童クラス」を設けているところもあります。保育学校では保護者か代理人の送迎が義務付けられているため、出勤時間の早い親でも学校に送り届けられるよう、朝の保育手段を提供しているのです。

学校は小中学校のように、一戸建てが一般的。都市部では校庭を囲むように建物が配置され、外からは校庭内部が見えないようになっています。校庭が道路に面している場合も、壁やプラスティックシートなどで目隠しがされています。主な施設は教室で、その他に給食室、昼寝室。室内体育室もありますが、日本の体育館のように大きいものは稀です。同じ敷地内に小学校が隣接していることもあります。

入学直後の１週間は「ならし期間」があり、初日は１時間のみ、その後は午前中のみ、と、少しずつ通学時間を延ばしていきます。

保育園に行っておらず、集団行動に慣れていない子は最初、保護者と号泣の別れを繰り広げますが、それも２、３週間ほど経つとすっかり落ち着いていきます。その様子を長男、次男の入学時にそれぞれ見る機会がありましたが、子供たちの順応性と先生たちの忍耐力にはただただ感心、でした。泣き叫ぶ子がいれば、先生たちは膝に乗せ、辛抱強く慰めます。「大丈夫よ、これからお友達とたくさん遊んだら、ママが迎えに来るからね」などと優しく語りかけ、声を荒げることはありません。

我が家の息子たちは幸いにも、一度も泣かずにならし期間を終えました。保育園で集団生活に慣れていたこともありますが、登校時、教室の数ヶ所に広げられていた数々のおもちゃのおかげが大きかったように思います。子供たちの多くは目新しいおもちゃに興味を惹かれ、スムーズに保護者の手を離れて遊びに行っていたものです。

そして長男次男の学校とも、同級生の出自は様々でした。学校の入り口に張り出されたクラス分け名簿には、ヨーロッパ各地のほか、アフリカ系、アラブ系、ユダヤ系の姓が並んでいます。アジア系はフランス旧植民地のベトナムやラオスなどのほか、日本、韓国、中国出身の子供たちがいました。中にはフランス語のできない保護者も一組おり、先生と会話する際、他の保護者が英語で通訳する様子も見られました。

ならし期間が終わっても、登校時は保護者が各教室まで子供を送っていきます。通学は基本的に手ぶら。保育園同様、「毎日の持ち物」はありません。

教室といっても、「黒板の前に机が整然と並んでいる」のではありません。レイアウトは担任に任されており、大抵は、学習内容によりスペースを区切っています。平均的な例を次頁の図でご紹介しましょう。

各教室には必ず、二人の大人が配置されています。まず国家教育省の職員である担任教諭、そして市町村の職員「保育学校専門職員」です。担任教諭が授業を進行し、保育学校専門職員はそのアシスタントとして動きます。

子供たちの集中力の「無さ」を考慮し、授業は教室内でスペースを移動しながら進められます。読書スペースにミニソファやクッションなどを置き、疲れてしまった子供が休める場所を確保している先生方もいます。

授業内容も先生によって変わります。保育学校には決まった教材がなく、授業の進め方も教室の使い方と同様、各担任に一任されているからです。もちろん内容は国家教育

保育学校　3歳児クラス教室の例

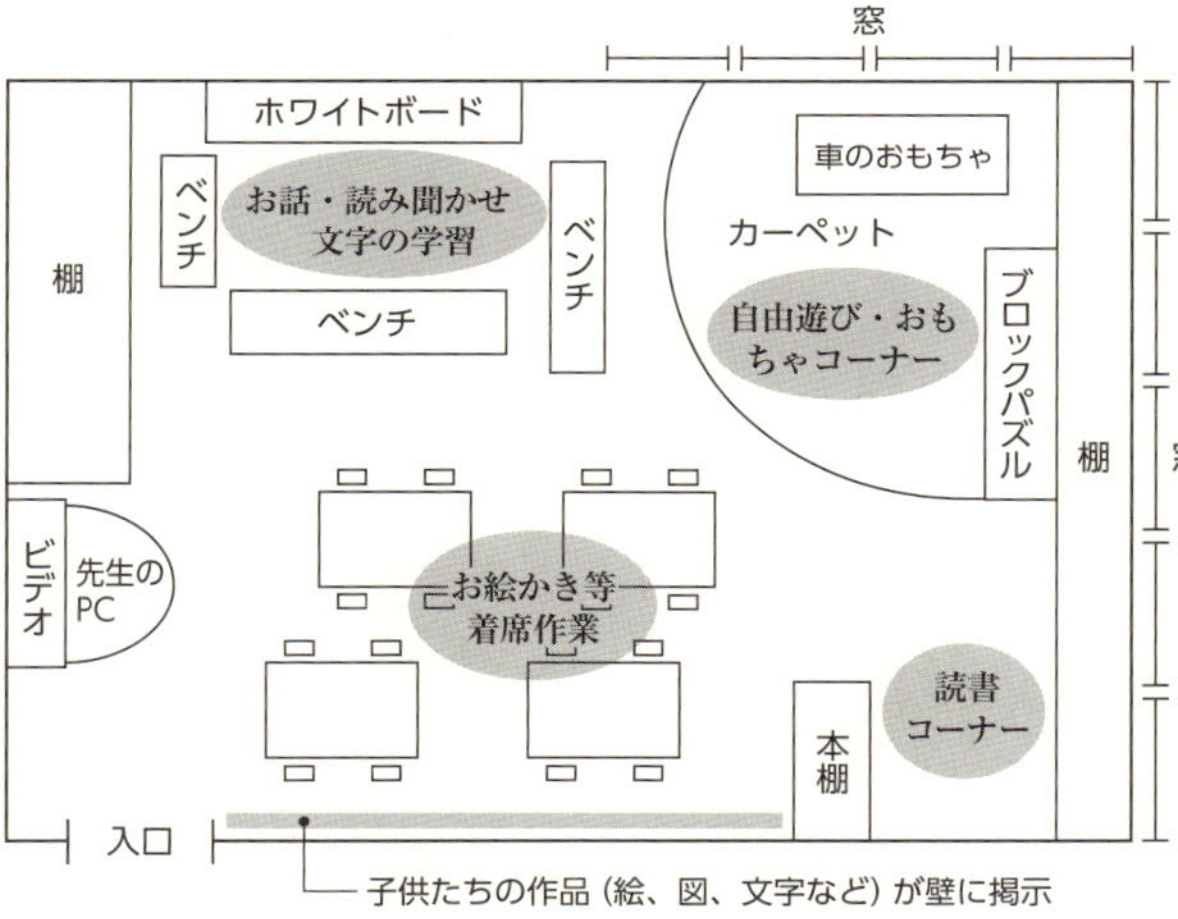

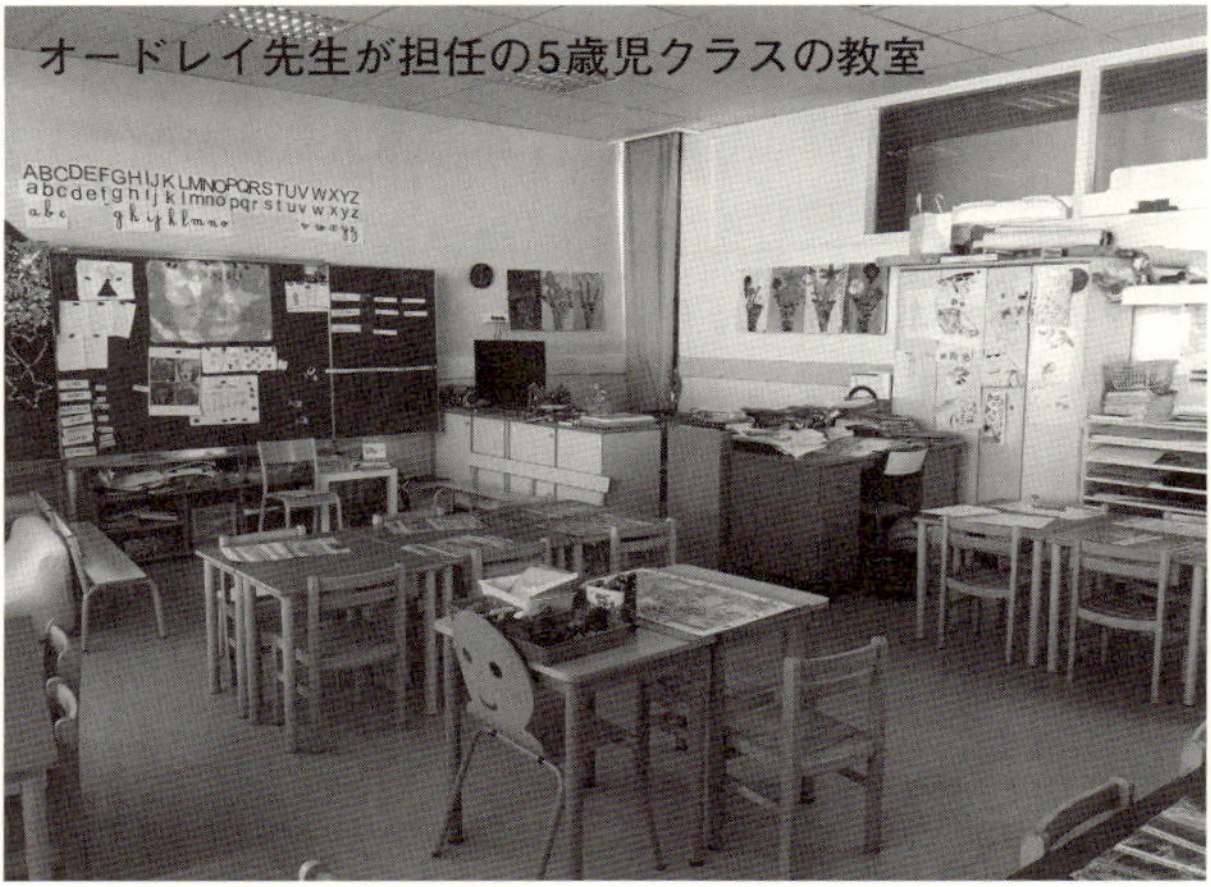

オードレイ先生が担任の5歳児クラスの教室

省の指針に則している必要がありますが、やり方は先生によって多彩。これは後ほど、国の教育指針とともに詳しくご紹介しましょう。

午前2時限、午後1時限

教室での授業は1時間～1時間半を1時限とし、午前中に2時限、午後に1時限が基本です。始まりと終わりを知らせるベルがジリリリ、と鳴るのは、学校らしいところ。

1時限の中でも20～30分ごとに作業内容を変え、子供たちが飽きない工夫がされます。たとえばクラスを3～4つのグループに分け、一つのグループは担任の先生とともにホワイトボードでアルファベットや数字などを学ぶ。その間、他のグループは机に座り、保育学校専門職員が見守る中でお絵描きやパズルなどの作業を行う。頭や体を使う授業は午前中に組み、疲れの出てくる午後は、より遊び要素の強い内容が主流になります。各時限の間には休み時間があり、基本的に校庭に出ての自由遊びです。雨の日は体育館や室内プレイルームで過ごします。

午前の授業の後は、低学年から順番に給食。食後、3歳児クラスは簡易ベッドの並ぶ昼寝室で約1～2時間のお昼寝です。4歳児からは昼寝がなくなり、教室で音楽を聴くなど「静かに過ごす時間」となります。５歳児からはその時間もなく、昼休みの後、授業を再開します。

給食は有料の希望者制で、午前終了後に自宅に帰り、保護者と食事をする児童もいます。この場合は、午後の授業再開時間前にまた、保護者が学校まで送り届けます。少々古いですが２０１１年の調査データでは、共働き夫婦の子の７割が学校で給食を食べていました。

16時前後に、授業終了。保護者や保護者指定の代理人（ベビーシッターなど）が迎えに来られる児童はそのまま帰宅し、そうでない子は、同じ敷地内で市町村が運営する学童クラス（有料）を続けます。学童クラスは18時半までで、これ以上の延長保育はありません。帰宅時間の遅い保護者たちはベビーシッターを手配し、ついでに夕飯やお風呂の世話まで依頼する人もいます。

保育学校では、図書館訪問や遠足などの校外活動も行われます。５歳児クラスからは週に1回・2~3ヶ月間、水泳教室があるところも。フランスの学校には校内プールがなく、市営プールを市内の保育学校から高校まで共有するやり方が一般的です。プールには、バスで移動します。

義務教育前とはいえ、保育学校では1日しっかり、「学校のリズム」で過ごすのがお分かりいただけるでしょう。学童保育に行かない子でも7時間半、行く子は9時間ほどを団体の中で暮らすので、たいていの子供たちは帰宅時、エネルギーを使い果たしています。次男は夜の寝付きが悪く、長めの昼寝をすれば22時過ぎまで起きていましたが、保育学校に入るや否や、21時には寝るようになりました。

登校日数は年間180日、7月と8月は夏休みです。その他に年に4回、つまり2ヶ月に一度、2週間ずつの休みがあります。これぞ世に名高いフランスの「学校バカンス」で、保育学校から高校まで共通です。保護者は子供のバカンスの度に仕事を休むわけにもいかないので（法定有給休暇は5週間ありますが！）、バカンスの間の保育手段として、放課後の学童保育が終日クラスとして運営されています。もちろん通常時と同じく、有料です。

〈2016年9月〜2017年7月の学校スケジュール（パリ圏）〉

始業　9月1日

万聖節のバカンス　10月19日〜11月3日

クリスマスのバカンス（年末年始）　12月17日～1月3日
冬のバカンス（別名スキー休み）　2月4日～2月20日
イースターのバカンス　4月1日～4月18日
終業　7月8日
（国家教育省ウェブサイト、2016～2017年度の学校スケジュールより）

「生徒になること」を学ぶ

保育学校の入学前に保育園を経験してきた子供は、全体で見ればわずか16％に過ぎません。他の大多数は前章で見てきたとおり、母親アシスタントやベビーシッターなど、少人数・家庭的な環境で過ごしてきています。彼らをどのように、集団の学校生活に適応させていくのでしょうか。

「無理強いをしないことですね」

そう答えるのは、公立の保育学校で19年の経験を持つベテラン教諭、オードレイ・メールさん。長男がお世話になった担任です。

「保育学校に通うのは、厳密に言うとまだ生徒ではありません。『生徒になること』を学んでいる途中の子供たちです。嫌なことをあえてする『努力』も、何かを続けて行う『継続力』も、まだ備わっていない年齢です。

そんな彼らにとって集団生活は、本当に疲れること。保育学校への入学は、ショックとも言えるような変化です。それを理解して、できるだけ興味を引くこと、楽しめることを提案する。やりたくないことは無理強いしない。クラスを数グループに分けて作業させるのは、それに対応する意味もあります。パズルがやりたくなければ、お絵描きのテーブルに行ってもいい。どれだけ子供たちに『やりたい』と感じさせられるか、関心を引くことができるかが、私たちの仕事なんです」

集団生活が苦痛にならぬよう、無理強いをしない。「やりたい」という気持ちを抱かせる方向に持って行く。これは保育学校で最も重視されている方針で、国家教育省の公式資料でも、次のように書かれています。

保育学校の第一の使命は、子供たちに通学の意欲を抱かせること。学び、自我を確立し、その自我を十分に開花させるために、学校に行きたいと思わせることである。
保育学校は義務教育ではない。しかしその後に続く教育課程で、他者とともに学び成長するための、重要な基盤を築く場所である。

保育学校は特殊な教育課程であり、その特性は、以下の3点に定義される。

保育学校は、子供に合わせる学校である。

保育学校は、固有の学習方式によって運営される。

保育学校は、子供が他者とともに生きることを学ぶ場所である。

（国家教育省ウェブサイト「保育学校のプログラム紹介」より、著者要訳）

まず「学校」という場所を知る。そこへ行く楽しさを知る。そのために子供たちの幼さを容認し、年齢と発達に見合った扱いをする――保育学校の3年間は「生徒になること」「学校に行くこと」を学ぶ期間で、ここでポジティブな経験ができるかどうかが、その後の長い義務教育時代を左右すると考えられています。つまり、公教育の重要なファーストステップなのです。

実際に国家教育省の定める公教育組織図では、保育学校は小学校と同じ「初等教育」のカテゴリーに組み込まれています。その中でも保育学校は「最初期学習サイクル」と定義されています。

この点は入学時の保護者会でも、しっかりと説明されます。そこで私が文字通りカルチャーショックを受けたことは、「はじめに」でお話ししました。数ヶ月前までおむつで走り回っていた我が子が、今や国の指針に従って、学習する場に通うのです。保育学校を「保育園の延長線上」と考えていた私は、大きな勘違いをしていたことになります。

保育学校は「保育園の次にあるもの」ではなく、「小学校の前にあるもの」と考えたほうが適切なのです。

この国では0～2歳児関連の政策は「家族・子供・女性の権利省」、3歳以上の児童関連の政策は国家教育省が担当します。0～2歳までは「保育」ですが、3歳からは「教育」の対象なのです。

5歳までに5つの学習分野を

3歳から5歳の3年間は、教育の重要なファーストステップ。そこで身につけるものとして、国家教育省は以下の5分野を掲げています。

１　あらゆる場面での言葉を使わせる
２　体を動かして意思を表現し、理解する
３　芸術を通して意思を表現し、理解する
４　自分でものを考えるための基本技術を身につける
５　世界を知る

（国家教育省「２０１５年3月26日発特別官報第２号、保育学校の教育プログラム」より、著者訳）

この５つを学ばせるにあたり、４点の学習方式が重視されています。

―遊びながら学ばせる
―自分で考えさせる
―体に覚えさせる
―記憶させる

卒業時までの、各5分野での学習目標も定められています。この国における3歳～5歳児教育を理解するのにとても良い資料なので、分野ごとの学習目標もご紹介します（巻末参照）。

これらの目標は、6歳からの初等義務教育（小学校）開始時に備えていることが望ましい能力とされています。つまり小学校への能力的な下地が、保育学校に通うことで整えられるようになっている、ということです。

初めての成績表

前述した学習目標の大枠は入学時の保護者会で説明されますが、細かい項目までは伝えられません。保護者がそれを目の当たりにするのは、保育学校の卒業時、成績表に当たる「習得の概括表」が配られる時です。

それぞれの目標に対して、「未習得」「習得中」「習得済み」の三段階評価がなされます。成績表は3年間共通で、この1冊で3年間の進歩が見えるようになっています。そのため項目の中には、年少クラスでは評価対象外、年中クラス・年長クラスから習得し始めるものも含まれています。

この成績表の運用に関しては、国家教育省の指導もあります。まず絶対的な前提は「前向き評価」をすること。成績表は児童各自の進歩を解釈するための「観察記録」であり、他の児童と比較しての評価であってはならないこと。教師にとっては、授業内容や進行度を調整していくためのツールとして考えること等があります。またこの成績表は卒業後、進学する小学校に渡すことが定められており、児童の発達具合を保育学校から小学校へ申し渡す、カルテ的な役割も担っています。

これ以外に、在学中に子供の進歩を記録するツールとして「学習観察帳」があります。各学年ごと・生徒ごとに担任の先生がまとめるノートで、様式は先生に任せられています。児童が学校で手がけた課題（お絵描き、数字や文字の書き取り）を１冊にまとめたものもあれば、「できるようになったこと」をリスト化している先生も。毎月のお誕生会の写真なども貼られ、行事の記録を兼ねている場合もあります。こちらはバカンスごとに保護者に渡され、内容確認後に学校に返却、学年の終わりには再び保護者に渡され、自宅で保管します。

成績表の確認が「年長組の終わり」の１回だけになったのは、実は２０１５年のこと。それまでは各学年の終わりごとに成績表が作成されていました。同じ年に行われた教育指針の改正で、保育学校の成績評価を1年ごとではなく、より長いスパンで捉えるようにと見直されたのです。ちなみに小学校に上がると、成績表は年に3回、約4ヶ月ごとにまとめられ、保護者の手に渡されます。

長男は学年ごとの成績表がある時代に保育学校に通っており、初めて成績表をもらってきた日のことは、とてもよく覚えています。保育学校で最初の10ヶ月を過ごした結果、項目のほとんどは「未習得」と「習得中」。一瞬ショックを受けたのち、不思議と、どこかほっとした気持ちにもなりました。

この子の成長に気を配り、目を光らせているのは、親の私たちだけではない。先生たちもこのように細やかに、子供の発達をチェックしてくれているのだ、と。

3歳児はまだ発達速度の個人差が大きく、どんな子でも「その子なりに成長すれば良い」と言われます。その一方で、日常生活の中だけでは「その子なりの成長」が見えにくく、つい同年代の子たちと比較して、不安になりがち。特に我が家は国際結婚で、子供たちは保育学校入学まで、週の半分を自宅の日本語環境で過ごしていたこともあります。全国的な学習目標のもと、子供の成長を客観的に定点観測してもらえる。これは、保育園時代にはなかった安心感でした。

成績表や観察記録の受け渡しのほか、年に少なくとも1回は教師と保護者の面談があり、児童の成長度合いを確認していきます。多少の遅れがあったとしても、概ねは「まだ幼いから」「時間をかけて様子を見ましょう」と経過観察するのが一般的です。ただそこで必ずと言っていいほど聞かれるのは、家庭環境のこと。たとえば年下のきょうだいの誕生、両親の別居などの変化がある場合は、発達との関わりを率直に指摘されるのです。

そして担任教諭から見て支援が必要と思われた際は、3歳児でもカウンセリングを勧められます。こちらでは児童のカウンセリングは一般的で、街場で独立開業している児童精神科医が診察をし、その診察料は保険適用対象です。

年間テーマは「人類の歴史」

詳細に定められた学習目標を達成するため、先生たちは年度始めに「学習計画書」を立て、校長の決裁を受けます。息子たちが通った学校の先生方は、学習計画の軸になる「年間テーマ」を決めていました。たとえばそれが「動物」ならば、年間を通じて、数を数えるときに動物を題材にしたり、童謡や読み聞かせの本も動物が主題のものを選んだり、という具合です。

年少・年中の学習内容は遊びの要素が強いので、クラスごとの授業内容の差はあまり感じられません。先生の個性や考え方の差が顕著に出てくるのは、5歳の年長組です。

前述のオードレイ先生は、年長クラスで長男を担任していた時、「人類の歴史」を年間テーマに据えました。その授業が始まったばかりの9月のある日、夕食の席で5歳の長男が突然こう言い出したことがありました。

「世界は最初、真っ黒で何もなかったんだってね」

驚いて聞いてみると、先生が「ビッグバンと宇宙の誕生」の話をしたのだ、とのこと。

その後も、食事の席では「原始人と同じ木の実が食べたい」「クロマニョン人は石で狩りをしていた」と言い、お絵描きをすれば「パピルスは草で出来た紙なんだ」と話し、積み木をすれば「ピラミッドは三角形」など、授業で習った話題がポロポロと出てきます。新年を過ぎると、古代エジプトの資料でよく見る「横向きのエジプト人」の等身大の切り絵が、教室の廊下にびっしりと並ぶようになりました。

本を見ながら生徒たちが自分でポーズを選び（体の部位の学習）、自分と同じ肌色に着色し（人により肌の色の違いがあることを知る）、ハサミで切断し（図画工作）、首飾りには三角と四角で模様をつけ（図形の学習）、自分の名前をサインして（名前の練習）、エジプトの壁画を再現したのだそうです。学年末遠足で「ルーブル美術館のミイラを見に行く」と連絡が来た際には、ほとんど感動するような気持ちでした。

この国では５歳児が学校で、古代エジプト人の生活を学ぶのだ……！

遠足は残念ながらパリ市で発生したテロの影響で中止になってしまいましたが、学年末にはリボンで飾った自作のエジプト人画が生徒全員に贈られ、その絵は今も、長男の部屋に誇らしげに飾られています。

「自由なアプローチが許されているのは、保育学校の面白さですね」と、オードレイ先生は目を輝かせて言います。小学校以降は学習内容や到達目標が厳密に決められていますが、保育学校はより緩やか。何よりも、子供の関心を引くことが重要視されており、そのために〝何を題材として選ぶか〟〝どう教えるか〟は、教師の感性と経験、創造性にかかっているそうです。

「５歳の世界はまだまだ、自分中心。だからこそ、彼らが生きる周辺以外にも違う世界や時代があるのだと、発見させるのが大切なんです。それが外へ目を向けるためのきっかけになります。今はまだ、学んだことを体系的に理解しなくてもいい。世の中にはそれが『ある』ということを、まず知ってほしいと思いました」

ちなみに同じ年、長男の隣の年長クラスのテーマは「現代アート」。その教室の壁には、生徒たちが自分の顔写真をアンディ・ウォーホルの「マリリン・モンロー」のように鮮やかに着色した作品が貼られていました。一方でその先生は国語の学習を重視しており、アルファベットの書き取りに多く時間を割いたことから、保護者の間では議論となったことも。「保育学校は子供が楽しんで行くべき場所だ」「保育学校の小学校化は良くない」との声が、他クラスの私の耳にも届いてきたものです。

それでも保護者は担任の先生のやり方を尊重し、大事には至りませんでした。いわゆるモンスターペアレント的な保護者はフランスにはあまりおらず、オードレイ先生も「超がつくほど過保護な親は、1校に2、3人」と現場の感覚で言います。

「教育に強いこだわりのある人は、私立校に子供を入れるんです。公立校は無償なので、保護者たちも常識の範囲を超えて求めることはしません。保護者と学校の関係は、どこの学校でも概ね良好だと思いますよ。何かあったらすぐ、保護者と教師で直接面談の機会を持ちますしね」

「教育係」と「世話係」

子供たち20名以上からなるクラスをまとめ、1日5時間、教育を施す。しかも学習内容や教材は、自分の裁量次第。加えて保護者のフォローも仕事のうちである……担任の先生の側に立つと、その仕事量は想像を絶するように思われます。

しかし、そこは労使交渉の盛んなフランスのこと。教師の勤務時間は週27時間、その他の業務（教員会議、遠足、学校評議会への参加など）は年間108時間までと、労働規約で定められています。これでどうやって、学校の毎日が回っていくのでしょう。

そのポイントは、分業制です。保育学校では教師以外にも2種類の職種があり、時間帯と役割ごとに、子供たちの教育と世話を分担しているのです。これも私が保育学校のシステムで感心することの一つで、分業内容は明快、スムーズに機能しています。ここからはその分業制について、関係者の職能や資格、分担別に見ていきましょう。勤務時間はパリ市を例とします。

1【担任教諭】

〈主な仕事〉授業、保護者とのやりとり

〈勤務時間〉8時半〜11時半、13時半〜15時（火・金の午後は13時半〜16時半、水曜日は午前中のみ）

〈職務内容〉職能は「教育」で、初等教育のすべての分野をカバーします（国語、算数、地理歴史、生物化学、科学技術、音楽芸術、工作、運動）。一方、教室外の生活指導にはほとんど関わらず、給食も一緒には食べません。

前出のオードレイ先生は、「給食まで一緒に食べていたら、気が狂いますよ！」と冗談めかして説明します。

「保育学校の生徒たちは、普通の動作をしていても騒音を立ててしまう年齢。そして授業中は絶え間なく注意を払わなければいけません。保育学校の教諭には、騒音に鈍感な耳と忍耐力が必要なんです。ですから、昼休みに子供たちから離れてほっとする時間は、絶対に必要。この時に、職員会議をすることも多いですね」

勤務時間は前述の週27時間+年間108時間が基本ですが、授業の準備や採点、保護者対応などで、1週間の労働時間は平均44時間に及ぶ、というデータもあります。精神力・体力が求められる仕事ですが、その分生徒と同じように2ヶ月に一度、2週間のバカンスがあり、夏休みもたっぷりと約2ヶ月間。夏休み中の出勤は通常、始業式前の1

日のみです。とは言いつつも、ほとんどの先生方は夏休み中に、自宅で翌年度の授業の準備を手がけていると言います。
〈資格など〉職場は市町村立の保育学校、雇用主は国家教育省、身分は国家公務員です。大学で学士を取得後、「初等教育専門修士課程」に進み、講義の１年間、実地研修の１年間を経て、「初校教育教諭」の国家資格試験を受験します。これは保育学校と小学校教諭に共通の免状で、３歳から10歳（小学校最高学年）までを教えることができます。２０１５年統計によると、その85％以上が女性です。

２【保育学校専門職員】
〈主な仕事〉担任のサポート、児童の生活面の指導
〈勤務時間〉８時半～15時、水曜日は８時半～13時半
〈職務内容〉担任教諭のアシスタント役。教室の片付けや授業の準備のほか、子供たちの衛生指導も担当します。具体的には授業の合間のトイレの世話や手洗い、昼寝や給食の補佐が仕事です。19世紀、保育学校の揺籃期から存在するポストで、歴史的にほぼ１００％女性です。雇用主は市町村で、身分は自治体公務員。

保育学校専門職員にはキャリアの長い女性が多く、経験の浅い教諭の担任クラスでは、保育学校専門職員の方が児童の扱いがうまい、という話も聞きます。低年齢児の集団に慣れていない教諭には、事故やトラブルなく教室運営をするために欠かせないパートナーです。通年で同じ人物がクラスを担任するので、子供たちとの間にも愛着と信頼が生まれます。

〈資格など〉元来特定の資格は必要なく、近隣の世話好きなお母さんたちが半ばボランティア精神で行ってきましたが、1992年から保育関連国家資格の保持者を優先的に採用するよう、制度が改正されています。採用試験は次の3種類があり、児童の衛生管理に関する筆記試験と口頭試問が行われます。加えて、犯罪歴がないことが必須事項。合格者は市長の任命を受け、学校内で勤務します。

採用試験①幼児教育職適性証（CAP Petit enfant）保持者（全体採用数の60％）が中学卒業後、専門の学校で2年間の教育を受けたのちに資格試験を受けられるもの（著者註：第3章で紹介した保育園の初級資格従業員と共通の資格）

②保育学校・小学校内で学童保育運営職員など、2年以上の勤務経験を持つ人物（全体採用数の40％）

③保育関係の団体やアソシエーションで合計４年以上の経験を持つ人物

３【学童保育運営職員によるチーム】
〈主な仕事〉朝・昼休み（給食含む）・夕・バカンス中の学童保育の運営
〈勤務時間〉11時半〜13時半、15時〜18時半（月・木は16時半〜18時半、水曜日は11時半〜18時半）
〈職務内容〉昼休み（給食含む）及び放課後の学童保育時間に働く人々で、学童保育長を筆頭に、学校別に組織されています。必要人数を市町村が雇用し、運営費も自治体が負担。半日授業の水曜日は午後の学童保育を行い、それ以外の平日は昼休み・放課後活動・おやつを担当します。パリ市のケースを引用しましょう。

平日通学時間内の、学童保育チームの担当時間
昼休み　11時半〜13時半　給食補佐、前後の休み時間の監督（校庭遊びなど）
放課後活動　15時〜16時半（火・金のみ）　通年で同じ人物が、保育学校専門職員と共に担当。各種文化活動、運動など

おやつ　16時半～18時半　おやつを食べさせた後、ゆったりと過ごす活動をする
水曜学童　13時半～18時半　各種文化活動、運動、校外活動など

（パリ市ウェブサイトより）

パリ市では、8時半～18時半の10時間の開校時間のうち、約半分の時間を学童保育チームが担当しています。学童保育長は校内で授業時間を監督する校長と並び、学童時間を監督します。学校敷地内の使用や児童の登校・帰宅に関するルールも、学童保育長が校長と話し合って決定します。年度始めには学童保育独自の保護者説明会もあり、そこで年間学童保育計画を共有します。

学童保育の内容は自治体によって異なり、また学童保育長の考え方も大きく反映されます。たとえば予算の多い自治体は遠足や課外活動が充実しており、そうでないところは校内活動が多くなる、など。長男の保育学校在学時、学童保育長はモンテッソーリ教育（子供の自発的な活動・発達を尊重する教育方法）に明るい人で、その考え方を学童保育のプログラムにも取り入れていました。

〈資格など〉学童保育で働くのは、「学童保育運営職員」と呼ばれる人たちです。その

8割以上を次の二つの国家資格保持者から雇用することが定められており、犯罪歴がないことが必須となっています。通常は年間を通じ、同じ運営職員たちが同じ子供たちを担当します。

①幼児教育職適性証（CAP Petit enfant、保育学校専門職員と共通の資格）

②余暇活動運営適性免状（BAFA）：未成年の余暇活動の運営を担当できる資格の一つ。17歳以上、30日の実地研修を受けたのち、研修結果が良好で、書類審査を通過すると、地方自治体の長から付与される。

学童保育で働く人数は、参加児童数により法律で定められています。校内活動では児童10人につき職員一人、校外活動では児童8人につき職員一人が必須。このため学童保育はどの自治体でも、事前申し込みが必要です。給食費・保育料は保護者の収入に従い、自治体の定める額を納めます。2016年7月現在、パリ東部郊外の自治体で保育学校に通う次男の場合、放課後学童は1日につき3・50ユーロ（約430円）、水曜日は給食込みで半日10・99ユーロ（約1350円）となっています。バカンス期間の終日学童は1日12・46ユーロ（約1530円）です。学童保育の金額は自治体によって大きく変わるので、この数字は参考程度にご覧ください。

学童保育の利用者は主に共働きかシングル親家庭です。２０１１年のデータでは共働き家庭の５割は平日の放課後学童に残り、４割が水曜日の学童にも通うとのこと。水曜日の学童に通う数が減るのは、子供が小学校に入るまでは時短勤務とし、水曜日には子供と過ごす保護者も多いからです。

学童保育に子供を預けている保護者の場合、朝は担任の先生に子供を託し、夕方は学童保育の運営職員から引き取るのが一般的です。運営職員は学校の先生たちに比べて年齢が若いので、子供たちとはファーストネームで呼び合い、近所のお兄さん・お姉さんの感覚で親しんでいます。また学童保育の運営職員は近隣の住人が多く、休日や放課後、道端や商店ですれ違うこともよくあります。

この国の保護者たちはこうした学童保育のシステムに概ね満足しており、２０１４年に家族手当金庫が実施した「3歳から10歳までの学童保育利用児童の保護者調査」では、人員・内容・方法など8項目のほとんどで、10点満点の7~8点という高いスコアが出ています。ただそれは人間の運営するもの、すべてが完璧というわけにはいかず、「学童保育で性的虐待があった」という話を、ごく稀ながら耳にすることはあります。

保育学校にはその他、学校内に住み込む管理人や清掃員、学校付きの看護師や医師がいます。

子供を通わせてみて実感するのは、「保育学校には大人が大勢関わっている」ということ。一クラスの児童数は25人と多いように感じても、計５人の大人が役割と時間を二等分して、その子供たちを世話しているのです。この分業制のおかげか、私が見知った保育学校の関係者は、のんびりと穏やか。先生方ですら、目を吊り上げてキリキリした姿はほとんど見たことがありません（授業中はもちろん、そういうこともあるでしょうが）。３歳児から5歳児のまだ幼い子供たちでも集団の学校生活に馴染んでいける現状には、この「多くの大人に囲まれている」と感じさせる人員配置が大きく貢献しているように思えます。

保護者参加は、やりたい人だけ

「保育学校は分業制」と説明してきましたが、面白いことに、保護者はその分業にあまり参加しません。学校は自治体と国家教育省が運営するもので、保護者のすることは、保育園より少し増える程度です。

教材や文房具は自治体が購入し、クラス全体で共有するので、授業に関して親の経済的負担はありません。年に1回クラス担任より、本や備品の購入に役立てるための任意の寄付を依頼されますが、あくまで任意です。毎日の持ち物はなく、プールのある日だけ、水着とタオルを持参するよう求められます。

保育学校に特徴的な保護者参加は「行事の付き添い」でしょう。遠足や社会科見学、プールなど、折々の郊外活動の付き添い役として、担任から保護者に参加要請があるのです。とはいえ応募人数は1回の行事で一クラス3、4人だけ。

授業参観の文化がないフランスでは、この付き添いを楽しみにする保護者も多く、付き添い枠の「キャンセル待ち」もあるくらいです。先日次男のクラスでイチゴ狩り遠足があった際は、付き添い保護者4人の募集があり、やはりキャンセル待ちリストができたそうです。私も付き添い枠を得て参加してきたところ、昼のお弁当は持参でしたが参加料は無料、思いがけず「お礼」に摘みたてのイチゴを一箱もらって帰宅しました。

この他に年1回、大掛かりな保護者参加の機会があります。年度末恒例の学校祭りです。保護者が先生と共同で露店のような遊びコーナーを設け、子供たちを遊ばせるお祭りで、お菓子や飲み物も保護者が提供します。露店の担当がない保護者はゲストとして参加できる、とても楽しい機会です。子供たちが歌や踊りを練習し、この機会に披露することもあります。こちらも参加は希望に基づき、強制的な担当はありません。が、学校行事に参加できる機会が少ないので、こちらも行事の付き添い同様、保護者には概ね楽しみにされています。

日本の公立学校にＰＴＡがあるように、フランスの保育学校にも保護者組織は存在します。各校の運営評議会に保護者を代表して参加し、学校や自治体、国家教育省の代表者と話し合う組織です。ただシステムは、日本のＰＴＡとは違っています。政党のように主義主張の異なる全国組織の「児童保護者会」が、公立学校対象に２団体、私立学校対象に１団体、公立・私立の限定なしで１団体あり、各校で支部を立ち上げるのです。保護者会の参加者は、代議士と同じように立候補の選挙制で選ばれます。毎年１回、保育学校の全保護者から立候補者を募り、全保護者による投票を行う。立候補者の多くは上のきょうだいがいて、保護者会の仕組みをすでに知っている親たちです。

保育学校の保護者参加はすべてが任意性で、やりたい人はやればいいが、やりたくない／できない人にはほとんど負担がかからないようになっています。３歳までをベビーシッターや母親アシスタントで乗り切ってきた友人たちは、保育学校に通い始めてから「毎日が本当に楽になった……」としみじみ喜んでいます。

ここでも保育園同様、「保護者に負担をかけない」考え方が共通しています。それは保育学校の成り立ちが、保育園とほぼ同じだから。今の保育学校は「保育」ではなく「教育」の場ですが、もともとは、「親が世話をできない子供たち」の保護施設から始まっているのです。

始まりは教会の保護施設

第3章でも触れた『新辞典』をひもとくと、保育学校の歴史は1770年から記載されています。その起源は「紡績の学校」。紡績業の盛んだったヴォージュ地方で、工房で働く母親を持った児童たちを、司教オベルランが集めて面倒を見た場所でした。その後もカトリック教会と個人の慈善家が、放置された子供たちの世話をしてきましたが、その動きはあくまで単発にとどまっていました。

組織化されるに至った大きなきっかけは、隣の英国・スコットランド地方の工業地帯で1810年に作られた「インファント・スクール」です。労働者の子供を預かりつつ教育を施す学校は高く評価され、10年後にはロンドンまで広がります。この噂を聞きつけたのが、パリの富裕層の婦人たち。ロンドンに視察に飛び、教会の支援を得て設立委員会を立ち上げ、ロンドン方式を真似た定員80名の「保護室」を１８２６年、パリ中心部のバック通りに開設しました。

この保護室はすぐに他の篤志家の関心を呼び、同様の施設が瞬く間に広がっていきます。対象は授乳が終わり、年上のきょうだいらに子守りをされていた２歳前後から６歳前後の子供たちです。１８２８年には保護室で子供を世話する女性向けの学校が開講されます。国や自治体も補助金を与え、10年後にはフランス全土の２６１の保護室に、３万人近くの生徒が通うに至りました。１８４８年には国がその教育的価値を認め、以下のように定義しています。

「保護室は公教育の施設である。今後この施設は『保育学校』と呼ばれる」

（『新辞典』より、著者訳）

当時の保護室ではすでに読み書き、計算、図画、音楽、運動を教えていたと言います。が、運営は依然教会中心で、内容も宗教色の強いものでした。

現在につながる保育学校の基盤が固まったのは、１８８１年。当時の教育大臣ジュール・フェリーが発した各種政令で、正式に国の教育機関となります。教育指針は国家教育省が定め、無償・無宗教が大きな柱とされました。1886年にはすでに、保育学校専門職員職が法制化されています。

「遊びながら学ぶ」指針が確立したのは、20世紀初頭。国家教育省の保育学校担当官であった女傑ポーリーヌ・ケルゴマールの、以下の提案が基礎となっています。

児童を尊重する
過度に教科書的な学習をしない
児童の活動として最も自然なものは「遊び」である
児童心理学的アプローチを深める
児童の年齢に適した施設・用具を使用する

（ポワティエ・アカデミー『フランスの保育学校の歴史』より、著者訳）

その後様々な制度化が進められ、対象年齢の児童がほぼ全入となったのは、1958年。教育指針は時代に合わせて改正が加えられるものとし、過去50年では1977年、

１９８６年、１９９５年、１９９９年、２００２年、２００８年に改正がありました。最新の改正は２０１５年に発表されています。

フランス教育制度の中でも評価の高い保育学校ですが、その始まりは篤志家たちの熱意でした。「子供たちのために」という個人のシンプルな熱意から発した小さな学校が、支持を受けて全国に広がり、国がその価値を認めることで、万人の権利となったのです。

このダイナミックな過程は、とてもフランス的なように感じられます。フランス革命の昔から、国を変えるのは一人一人の思いであると、この国の人たちは信じています。日本の報道でも伝えられる全国規模の執拗なデモは、その信念の表れです。強い信念を抱く人々は民間にも国政にも広く存在し、双方の熱意が響きあって、社会が変わっていく——保育学校は、フランスのそんな国民性を如実に表す好例でもあります。

早期公教育で格差是正を

「保育学校はよくできたシステムで、現在、これといった大きな問題はありませんね」

そう語るのは国家教育省の学校事務局長、マリー・クレール・デュプラさん。保育学校と小学校の教育指針やプログラムを検討・考案する役職の上級国家公務員です。保育学校の現状を知りたくて申し込んだインタビューでの答えは、こちらが羨ましくなるほど明快でした。

「ただし過去に問題があったことは確か。それに対応するために、2015年、教育指針の改正がありました。それ以前、つまり2008年から施行されていた指針は言語の習得を重視しており、結果として、保育学校の小学校化が進んでしまったのです。『遊びながら学ぶ』の大原則に則していないと、各方面から警鐘が鳴らされました。2015年の改正ではその点が重視され、子供たちの遊びを再評価する内容になっています。その意志の表れとして、指針改正の官報は〈保育学校は子供に合わせる学校である〉から始められているのですよ」

2015年改正のもう一つの柱は、保育学校による社会的不平等の是正だそう。大きな社会問題となっている教育格差は幼児期から始まるとされ、特に経済的に恵まれない地域の子供たちに対しては、早急な対策が求められています。そうして新たに提唱されたのが、保育学校の早期入学、つまり2歳児を受け入れる政策でした。2014年にスタートしてからの3年間で、全国1089の「教育優先地域」を対象に、この地域の対象年齢児童の30%を進学させることを目的にしています。

この政策を知った時、私は反射的に、これは保育問題対策の一環、つまり保育枠の拡大なのかと考えました。政府の保育枠拡大政策の中でもこの「２歳児からの進学」が、保育園増園・母親アシスタント枠の増加とともに掲げられていたからです。しかし予想は外れました。

「確かに、保育問題への貢献も効果の一つとしてはあります。でもそれはあくまで効果の一つ。保育学校の早期入学の狙いは、社会問題の複合的な対策なのです。その第一の目的は、教育の不平等の是正です。

経済的に恵まれない地域では、フランス社会に根を下ろしていない家庭が多く見られます。フランス語を話せない保護者も多く、特に母親は働くこともできないまま、社会に関わらず子育てをする。結果としてその子供たちも、フランス社会に接点の少ない場所で育ってしまう。そして保育学校に入学する時点で、すでに差がついてしまうのです。経済的に恵まれない地域では、居住環境も子供に適したものではない場合が多く、おもちゃや遊具も満足に与えられません。早期入学によって、子供たちを少しでも早く、その環境から出す。そして保護者たちにも、社会と接点を持ってもらう。保育学校の早期入学は、恵まれない環境にいる子供と親にとっては、一つのチャンスになります。その意味で、単なる保育・教育の枠を超え、社会全体に関わる政策なのです」

この国で、社会格差と教育格差のつながりは1980年代から問題視されてきました。「学校教育からのドロップアウトは社会的に恵まれない地区に多い」という事実は、国家教育省が取り組むべき優先事項として取り上げられてきています。しかし2014年の調査でもそれはまだ顕著で、高校卒業資格バカロレアの取得率は、管理職家庭の子供は77%、非管理職従業員および単純労働者家庭の子供は35%と大きな差があるのです。

これまで対策の場は主に中学・高校とされてきましたが、それを幼年教育まで広げ、保育学校に格差是正の役割を付したのが、2013年採決の「共和国学校再建のための指針と計画、2013年7月8日法」。2歳児からの入学は、その一環の政策です。

義務教育の始まる前に、家庭環境に起因する子供の能力差を可能な限り縮めることは、保育学校の大きな使命なのです。義務教育ではないにもかかわらず、ほぼ全ての子供たちが保育学校に通う意味はここにあり、結果として、「託児所としての役割」は二次的と考えられます。だからこその全入制で、母親が家にいる児童でも、保育学校に入学するのです。2歳児入学は、その使命をより深化させたものと言えます。

対象児童は家族手当金庫が補助金普及実績からリスト化し、入学資格のあることが家族に通知されます。2歳児クラスの教室は、国家教育省の担当官が視察し、年齢にあった環境づくりを指導して新設するといい、教師たちにも、2歳児教育に関する特別研修が行われます。通学時間は通常の保育学校よりも短縮され、おむつが外れていなくても入学が許可されます。

２０１５年度、対象地域での2歳児入学実績は19・3%でした。２０１４年のこの年齢の保育学校就学率は全国平均で11%なので、初年度としてはまずまずと言えます。その一方、教育の場にそれまで「保育」対象とされた児童を迎え入れるということで、現場からはネガティブな声も上がっているとか。デュプラさんは半ば苦笑して、こう説明します。

「2歳児は学校生活には幼すぎる、と、教師たちからは今でも時々苦情が届きますが……。もともと小さな子供たちが好きでこの仕事をしている人たちですからね。大多数は理解して、勧めてくれています。何をするにも、フランス人はとにかく文句を言わなきゃ気が済まない国民なんですよ！」

教育はフランス国家予算の配分率が最も高い分野で、２０１６年度予算編成での割当ては６７０億７千万ユーロ、前年比5億１７００万ユーロの増額が行われました。潤沢な予算を手に野心的な教育政策を推し進める現在の国家教育省大臣は、弱冠39歳の女性政治家ナジャット・ヴァロー＝ベルカセム。モロッコ生まれで、5歳の時にフランスで建設労働者として働いていた父親について移住。フランス屈指のエリート校・パリ政治学院を卒業して政界入りし、フランス第五共和政で初めて、女性の国家教育大臣となりました。現在のフランス公教育の理念を体現する彼女は、2008年に双子を出産したワーキングマザーでもあります。

「国の保障する権利」の使いみち

2014年、3歳から6歳児の教育政策に使われた公的資金は約154億ユーロ、日本円にして約1兆9千億円。0～3歳児の保育政策と、ほぼ同じ予算が分配されています。そのうちの半額が、国家教育省の負担です。義務教育前の子供たちを二つの年齢に分け、その扱いを変えてはいるものの、国としては同じだけ重点を置いて対策を取っている様子が、数字から見て取れます。

3歳児からは「保育」ではなく「公教育」の対象と考える。これは私の生まれ育った日本にはない視点でした。日本の待機児童問題のニュースを聞くたびに、保育学校が日本にもあったら良いのに……と思いますが、フランスでもこれだけの制度が確立するまで、200年近くの時間をかけているのです。「今あるものを、違う発想で眺めてみる」ことは前章でもご提案しましたが、この点に関してもそれは同じでしょう。日本には日本の歴史とやり方で、発展させていけるものがあるはずです。

もし日本で、保育と教育を一貫してつなぐ国の制度ができたら――。それを想像するのは、とても胸の踊ることです。待機児童問題の改善に加え、小学校以前からの教育の土台になるでしょう。今大きな問題となっている子供の貧困も、公教育を早めることで改善策が提示できる可能性があります。そしてそれに起因する、社会格差の問題を是正する手段ともなりえるかもしれません。フランスの保育学校が今まさに、取り組んでいるように。

保育学校のノウハウをクローズアップして見るならば、日本でもそのまま参考になることが幾つかあるでしょう。たとえば教師と学童保育チームの分業具合などは、過負担が論じられる保育・教育現場にも応用できるのではないでしょうか。教育係と世話係を分ける、教師と保育学校専門職員の関係は、幼稚園や認定こども園でも取り入れられる可能性があります。

それでも、フランスの保育学校から得られる一番の示唆は、「初めは個人の熱意だった」ということではないか、と私は思っています。社会を変えることを諦めず、一人が仲間を募り、熱意を集めて形にすれば、いつかはそれが「国の保障する権利」にまで成長する。現在フランスの保育学校はそうして、教育・保育の枠を越え、より複合的な社会政策の場として期待されるまでになっています。

過去、保育学校設立に力を尽くした篤志家たちは、この国がこれほどの多文化社会になることを予想していなかったでしょう。しかし彼らの築いた制度は、国が抱える新たな問題の解決のために大いに機能することになったのです。

個人の熱意が実って、国を動かし、生活が変わっていく。そして国の未来を支える。19世紀の保育問題に端を発するフランスの保育学校は、「人の思い」が可能にするダイナミックな社会の変化を実証しています。この事実を知るだけでも、今の日本社会にとって、力強い励ましになるのではないかと思うのです。

おわりに

少子化の危機を克服した数少ない先進国、フランス。その仕組みを追う取材と調査の日々は、とてもエキサイティングでした。

すべての仕組みに「そうすべき」明快な理由があり、その運用にあたり、可能な限り現場目線での最適化がされている。根拠となる法律との関連も明確で、私のような教育分野・法律分野の専門知識がない外国人でも、困難なく理解することができる。合理主義をモットーとする国民性がとてもよく出ている分野だと、書き進めながらしみじみと感じたものです。

何よりも感銘を受けたのは、フランスの保育・教育現場にいる方たちの力強い姿勢でした。保育・教育を国の最優先課題として取り組んでいるこの国でも、現実はバラ色ではありません。それでも現場の方たちは理念をあきらめず、それに1%ずつでも近づこうと、声を上げることを厭わない。「フランス人は文句が多い」と国家教育省の方も苦笑していましたが、それは常に現状に満足せず、「もっといい世の中にできる」と考えることをやめない、信念の裏返しでもあるのです。

日本の保育・教育現場の方々も、その信念の強さは同じでしょう。フランスの同志が粘り強く進み続けていることをお伝えし、それを少しでも、日本の皆さんの励ましにしていただければ……そんな思いも、本書には込めています。

執筆中、少子化問題に取り組む日本の政府関係者の方とお話しできる機会がありました。保育園での使用済みおむつ持ち帰り問題など、関係者以外には見えてこない保育現場の多大な負担を伝えると、「そういうところから、今の日本の育児の辛さを軽減する政策が立てられる可能性がある」と、とても興味を持っていただけました。日本で保護者たちが「これが当たり前」「仕方ない」と堪えている負担、それをフランスの事例と比較することで、事態改善のきっかけにできるかもしれない。この企画を進めるにあたり、とても心強く感じたエピソードです。

社会を変える力のある方々に本書の情報が効果的に届き、日本の少子化対策のささやかな一助になれることを、切に願います。

最後に、ご注意を促すことを一つだけ。何度も書いてきたように、フランスは階級社会・多文化社会です。ところや人が変われば、「これが同じ時代の同じ国なのだろうか？」と衝撃を受けるほど、生活が異なります。その影響を最小限にとどめるよう、本書では「フランスに正式に居住していれば、誰でも享受できる仕組み」を扱うことに気を配りました。それでも私が生活しているのは、「西欧出自の白人で、フランス語の姓名とフランス国籍を持つ」夫に付随する、中流階級の世界です。どんなに目を凝らしても、ここからは見えない現象は当然のようにあります。本書に書かれたことが、フランスの全てではありません。それを頭の片隅に入れつつ、活用していただければ幸甚です。

この本は、日本の保育関係者や子育てをしながら働く方たちの協力なしには形にできないものでした。担当編集者の新潮社新書編集部・門文子さんは現役のワーキングマザーで、有益な日本の情報と当事者ならではの視点を持ち込み、頼もしいタッグを組んでくださいました。また、企画立案の時点からサポートしてくださった同社の和久田美希さんには、何度謝辞をお伝えしても足りません。この企画の出版を決断してくださった同社出版企画部長の後藤裕二さんにも、この場を借りて御礼申し上げます。

そしてこんな不器用な人間でも愛し、ともに生きてくれる家族と子供たちへ。いつも本当にありがとう。執筆中に他界した父に、本書を捧げます。

髙崎順子

2016年夏

◇出典・参考資料一覧

はじめに

—OECD (2015), www.oecd.org OECD Family Database, OECD, Paris

第1章

—DGAFP, www.bifp.fonction-publique. gouv. fr - Instruction no7 du 23 mars 1950

—DILA, (le 31 mars 2016), www.vie - publique. fr - Sept pères sur dix utilisent leur congé de paternité

—L'Assurance Maladie (mise à jour le 4 janvier 2016), www.ameli.fr - Votre congé de paternité et d'accueil de l'enfant

—Ministère du Travail, de l'Emploi, de la Formation professionnelle et du Dialogue social (mise a jour le 31 juillet 2013), www.travail-emploi.gouv.fr - Le congé de paternité et d'accueil de l'enfant

—Le Service public de la diffusion du droit, www.legifrance.gouv.fr - Article R1227-5

—DILA (mise à jour le 28 octobre 2014),www.vie - publique. fr - Chronologie - La politique de la famille (1932-2014)

—Jean GABARD (2015), 〈Paternalité〉, Compte-rendu scientifique du 43èmes Assises Nationales des Sage-Femme et 26ème session européenne (le 20-22 mai 2015, Lyon)

—Papa débutant, Le guide que tous les jeunes pères attendaient!(2012), Lionel PAILLÈS avec Benoit LE GOËDEC, Edition First

—Insee, Insee Première No 1454(2013)/Etat civil 1990-2012

—DILA(mise à jour le 3 avril 2007), www.vie - publique. fr - Les nouveaux thèmes et priorités de la politique familiale

—Haut Conseil de la Famille(2012), Quelques Données statistiques sur les familles et leurs évolutions récentes

—Service d'information du Gouvernement (mise a jour le 23 juillet 2015), www.gouvernement.fr - La loi pour l'égalité réelle entre les femmes et les hommes

第2章

—Julia PASCUAL, Le Monde.fr (Mis à jour le 02 septembre 2015), www.lemonde.fr - La péridurale, une pratique trop systématique?

—Maeëlle GETTI épouse BROUILLARD (2013), L'Ecole des sages-femmes de Grenoble/Université Joseph Fourier U.F.R de Médecine de Grenoble-Le souhait d'accoucher sans analgeésie péridurale

—Cochrane Library(le 9 otcobre, 2014), www.cochranelibrary.com, Cochrane Pregnancy and Childbirth Groupe-Early versus late initiation of epidural analgesia for labour © 2014 The Cochrane Collaboration.

Published by John Wiley & Sons, Ltd.

—DREES, Études et Résultats n° 814 (le 12 octobre 2012) - Les maternités : un temps d'accès stable malgré les fermetures / Études et Résultats n° 913 (avril 2015) - Les services de PMI:plus de 5000sites de consultations en 2012

—Jean-Marie VANLERENBERGHE (Sénateur), Rapport d'information No 243 (le 21 janvier 2015), SÉNAT-La Situation des maternités en France

—OECD, OECD Factbook 2014 (06 may 2014), www.oecd-library.org-Total Fertility Rates

—L'EXPRESS (le 5 janvier 2011), www.lexpresse.fr - L'accouchement est-il trop médicalisé?

—Journal Officiel n° 0176 (1 août 2015), page 13134 , texte n° 19 - Décret no 2015-937 du 30 juillet 2015 relatif aux conditions de l'expérimentation des maisons de naissance

—L' Assurance Maladie (mise à jour le 7 juillet 2015), www.ameli.fr - Vous êtes enceinte : votre grossesse/Votre bébé est né : prenez soin de lui et de vous

—Sécurité Sociale, www.securite-sociale.fr, - Historique du système français de Sécurité Sociale (mise à jour le 12 avril 2013)/Les chiffres clés de la Sécurité sociale 2014 (aout 2015)

—DILA, www.vie - publique. fr (le 29 février 2016) -Quelles sont les différentes ressources de la protection sociale?

—厚生労働省、「２０１４年　海外情勢報告」、フランス共和国、２０１５年３月

第3章

—L'Observatoire des salaires en crèche, édition 2015, www.crechemploi.fr

—Gaëlle GUEMALEC-LEVY (le 22 juillet 2014), www.parents.fr - Vos chances d'obtenir une place en crèche

第4章

—UFNAFAAM (Union Fédérative nationale des associations de Famille d' accueil et Assistante Maternelle, novembre 2014), http://ufnafaam.org - Profession : assistant maternel ou assistant familial, Historique de la Profession

—Relais Assistante Maternelles Belle-Ile-en-Mer, www.rambelleile.com - Histoire du métier d'assistante maternelle...

—Pajemploi, Urssaf, www.pajemploi.urssaf.fr - Employeur d'assistante maternelle agréée

—Mairie de Paris, www.paris.fr (mise à jour le 1er avril 2016) Grille de salaires de la convention collective nationale des salariés du particulier employeur / - Le coût de la garde

—Caf du Calvados (le 4 janvier 2016), www.caf.fr -Bareème national des Participations Familiales applicable dans le cadre de la Prestation de Service Unique

—Gaëlle GUEMALEC-LEVY (le 30 juin 2014), www.parents.fr - Crèches privées; leur incroyable succès
—日本子ども家庭総合研究所、家庭的保育のあり方に関する研究（中間報告、２００７年10月29日）、第２回社会保障審議会少子化対策特別部会
—総務省、「ワーク・ライフ・バランスの推進に関する政策評価」（２０１３年６月25日）、第３－２・（９）－１、保育等の子育てサービスを提供している割合（保育サービス〔３歳未満児〕）

第５章
—Ministère de l'Education nationale, de l'enseignement supérieur et la recherche, www.education.gouv.fr - Annuaire de l'Education Nationale/Repères & références statistiques 2015/Les acteurs du système éducatif
—Ministère de l'Education nationale, de l'enseignement supérieur et la recherche, www.eduscol.education.fr - Suivi et évaluation des apprentissages des élèves a l'école maternelle (de BOEN no3, du 21 janvier 2016) /Association de parents d'élèves/Le système éducatif, De la maternelle au baccalauréat-L'éducation prioritaire
—Emploi public, www.infos.emploipublic.fr , Fiche métier - Enseignant professeur des écoles, Agent territorial spécialisé des écoles maternelles
—Insee, Insee Première No 1370 (septembre 2011) -Le temps périscolaire et les contraintes

professionnelles des parents

—Caisse d'Allocation Familiale, l'e-ssentiel No 152(décembre 2014)-Baromètre des temps et activités péri et extrascolaires: le point de vue des parents

—Le réseau de création et d'accompagnement pédagogiques, www. reseau-canope. fr, Education prioritaire - Repères historiques

—Le Gouvernement de la République Française, www.gouvernement.fr, Refonder l'école - Plus de moyens pour une école exigeante(mise a jour le 6 juin 2016)

—Gala, www.gala.fr, Najat Vallaud-Belkacem-biographie

—Ministère de l'Économie et des Finances, www.economie.gouv.fr, Direction du budget - Le budget de l'État voté pour 2016

5　世界を知る

1）時間と空間

・経験した出来事を日・週・月・もしくは季節によって識別し、別の出来事と差別化できる
・経験した／もしくは見聞きした出来事の画像や写真を見て、それを時系列通りに、自発的に並べることができる
・物語や説明の中で、時系列を表す単語（そして、その間、その前に、その後）を使うことができる
・目印や自分の位置を基準に、物の位置を知ることができる
・目印や物の位置を基準に、自分の位置を知ることができる
・慣れ親しんだ場所で、ある地点から別の地点まで移動する指示を受けたら、一人で行き来ができる（例：学校内のトイレからプレイルーム、など）
・平面上の物の移動を、他人にわかるように書き記すことができる
・指示に従って、紙や本などの筆記具を使うことができる
・物語や説明の中で、位置関係を表す単語（前、後ろ、右、左、上、下……）を使うことができる

2）生物と無生物

・実物や画像で示された動植物の成長の過程を認識することができる
・動植物の生物的必要の基本を知る
・人体の部分の名前を知り、その位置を示すことができる（自分、もしくは他者の体で）

3）生活習慣

・衛生的な生活習慣の基礎を知り、自分で行うことができる
・ある目的に必要な道具を知り、それを適切に選んで使うことができる（折る、切る、貼る、集める、動かす……）
・説明書に従い、簡単な組み立てができるようになる
・デジタル機器を使えるようになる（カメラ、タブレット、コンピューター）
・日常生活環境にある危険を理解する（有毒な生活用品、危険のある道具類など）

出典：国家教育省「2015年3月26日発特別官報第2号、保育学校の教育プログラム」各分野の学習目標部分、著者訳

・体や道具を使って、簡単なリズムを再現できる
・音楽に出てきた描写を言い表し、そこで感じたことや理解したことを的確な言葉で表現できる
・出題に従って、自分の体や声を使って動作を考え、それを実行できる

4　自分でものを考えるための基本技術を身につける

1）数を使う

・ものの集合の大小を知り、比べられる（数を使っても、使わなくても）
・指定された数に合わせて物を揃えられる。二組の物の集合、それぞれに含まれる数を数字で言い表し、大小を比べられる。集合する物の数を数え、それと同じ数の集合を作ることができる
・ゲームなどの順番を表すのに数を使うことができる。順番を比べることができる
・口頭及び筆記で、数字を使った意思伝達ができる

2）数を学ぶ

・使う環境や素材が異なっても、基数の働きは変わらないことを知る
・すべての数は、その前の数に1を加えた数であると知る。小さい数に加えると大きい数ができることを知る
・物を10個まで数えられる。目に見える物を数えることから始め、最後には頭の中だけで数えられるようになる。10以下の数の簡単な足し算、引き算ができる
・大きい数はそれより小さい数に分解できると理解する（例：12は10と2、6と6に分けられる、など）
・30まで数字を順番に言える。10までの数字を読める

3）図形を学ぶ

・物を形によって分類できる。幾つかの平面図の名前を言える（三角形、丸、正方形、長方形、円形）。幾つかの立体を見分けられる（立方体、角錐、球体、円錐）
・長さや立体の種類、内容物に従って、物を分類できる
・見本に従って、集合を再構築できる（パズル、平面・立体の組み立て）
・平面図を写したり、書くことができる
・アルゴリズムの原則を知り、それを繰り返すことができる

保育学校　５分野での学習目標

1　あらゆる場面で言葉を使わせる

・校内の成人や生徒たちと言葉で意思伝達をする
・正しい統語法で話す。理解してもらうために、別の表現に言い換えることができる
・話し言葉を使いこなす：思いを語る、見たことを描写する、会話を始める、説明する、質問する、解決法を提案する、考えを述べる
・童謡・詩を暗唱する
・朗読された書き言葉を理解する
・大人が読んだ書き言葉を繰り返して言うことができ、それに興味を示す
・話し言葉と書き言葉が違うものだと知り、書き言葉で発話し始める
・フランス語の話し言葉を他の言語と識別する
・音節を区別し、理解する
・アルファベットにブロック体・筆記体・印刷文字があることを知る。キーボードを使って単語を複製する
・自分の名前を筆記体で、見本を見ずに書ける
・文章の中から知っている単語を抜き出し、写すことができる

2　体を動かして意思を表現し、理解する

・異なる場所や材質の条件下で、走る、飛ぶ、目標に向かって物を投げる
・障害物に合わせて体を移動しながら、連続する動作を行える
・自然の中でも人工的に整えられた環境でも、滑らかに動ける
・伴奏の有無にかかわらず、ある動きを覚え、他者と一緒に再現できる
・童謡遊びや円舞遊びの中、他者に合わせて動き、移動できる
・集団の中、共通の目的のために作戦を立て、役割分担をし、共同作業ができる

3　芸術を通して意思を表現し、理解する

・指示や計画に従って適切な道具を選び、使うことができる
・現実のモデルや空想の世界を題材に、絵を描ける
・指示通りに図形を再現できる。図形を組み合わせて別の図形を作ることができる
・一人もしくはグループで、材料を使って造形ができる
・多様な童謡や歌を覚え、表現を込めて歌える
・声の大小、ニュアンス、強弱を変えて遊ぶことができる

Et,

Madame Valerie SEGUINOT

Monsieur Damien SIMON

Madame Julie GERBET

Monsieur Victor DILLINGER

Madame Reiko MORI

Madame Miki NAKAJIMA

Madame Ikue OBA

Madame Emi HIRASAWA-CHATEAU

Madame Marjolaine REVEL

Madame Camille DUVAL et Madame Aurore DUBAND du Groupe Babilou

Madame Christine VINCKEL, Chargée d'études Bureau des écoles A1-1 DGESCO, Ministère de l'Education nationale, de l'enseignement supérieur et la recherche

Madame Patricia LE GALL, Attachée de presse, S-G/Délégation à la communication, Ministère de l'Education nationale, de l'Enseignement supérieur et de la Recherche

Monsieur Shinjiro et Madame Tomiko SUGIMURA

Merci à mes chers Pierre, Louis et Thomas REVEL. Sans vous cet ouvrage n'aurait jamais vu le jour.

取材にご協力いただいた皆さん（登場順）

Mille merci à tous qui m'ont aidé à réaliser ce projet...
(dans l'ordre d'apparition)

Madame Sandra CASERIO, Infirmière puéricultrice, coordinatrice de l'Espace Parentêle de l'Hôpital Armand-Trousseau
Madame Caroline FRANZ-BOTTE, Sage-femme enseignante de l'Ecole Saint-Antoine
Monsieur Benoît LE GOEDEC, Sage-femme enseignant libéral, Master de philosophie pratique l'Université Paris-Est Marne-la-Vallee

Docteur Agnès RIGOUZZO, Anesthésiste-réanimateur de l'Hôpital Armand-Trousseau
Docteur Jean-Marc DUMEIX, Anesthésiste-réanimateur du Centre Hospitalier de Montceau-les-Mines, Président d'honneur du SNARF
Docteur Elisabeth HAUSHERR, Médecin de santé publique, Médecin en chef de PMI Paris

Madame Mona SCHOUCAIR, Directrice-éducatrice de jeune enfant de la crèche Les Petits Ours du Groupe Babilou
Madame Anaïs MADJOUR, Infirmière
Madame Françoise NÄSER, Assistante maternelle
Monsieur Rodolphe CARLE, Président du Groupe Babilou, vice-président de la Fédération Française des Entreprises de Crèches
大庭良治氏、社会福祉法人 翠峰会 理事長及び一般社団法人 横浜市私立保育園園長会 副会長

Madame Marie-Claire DUPRAT, Chef du Bureau des écoles DGESCO, Ministère de l'Education nationale, de l'enseignement supérieur et la recherche
Madame Audrey MAYRE, professeur de l'école maternelle Silly de Boulogne-Billancourt

髙崎順子　1974（昭和49）年東京都生まれ。東京大学文学部卒業。2000年渡仏してライターに。「食」を得意分野とし、著書に『パリ生まれ　プップおばさんの料理帖』（共著）など。パリ郊外在住。

Ⓢ新潮新書

689

フランスはどう少子化《しょうしか》を克服《こくふく》したか

著　者　髙崎順子《たかさきじゅんこ》

2016年10月20日　発行
2024年１月15日　２刷

発行者　佐　藤　隆　信

発行所　株式会社新潮社

〒162-8711　東京都新宿区矢来町71番地
編集部(03)3266-5430　読者係(03)3266-5111
http://www.shinchosha.co.jp

図版製作　株式会社クラップス

印刷所　錦明印刷株式会社

製本所　錦明印刷株式会社

ISBN978-4-10-610689-7　C0237

価格はカバーに表示してあります。

Ⓢ新潮新書

1014
ニッポンの闇
中野信子　デーブ・スペクター

「コンプラ」「忖度」「同調圧力」……「ジャニーズ問題」から「統一教会問題」まで、現代ニッポンに巣喰う「タブー」の正体を語り尽くすと見えてくる、この国の「未来図」とは？

1015
引きこもりの7割は自立できる
二神能基　久世芽亜里

「信じて待つ」「まずは親子の対話から」「本人の意思を尊重」では何も変わらない。「一歩踏み込む」支援によって、自立への道に繋げよ！引きこもり支援団体創設者による最終回答。

1016
すごい健康法
名医・専門家に聞く
週刊新潮編

健康本を何冊も買う必要なし、解決策を一挙掲載！　健康寿命をおびやかす病気や不調について、13人の名医とプロフェッショナルが最新の知見を活かした健康新常識と実践法を伝授する。

1017
男と女
恋愛の落とし前
唯川恵

不倫はすることより、バレてからが本番——36歳から74歳まで12人の女性のリアルな証言を恋愛小説の名手が冷徹に一刀両断。珠玉の名言にあふれた「修羅場の恋愛学」。

1018
貧乏ピッツァ
ヤマザキマリ

極貧の時代を救ったピッツァ、トマト大好きイタリア人、世界一美味しい意外な日本の飲料、亡き母の思い出のアップルパイ……食の記憶と共に溢れ出す人生のシーンを描く極上エッセイ。

新潮新書

1019
大常識
百田尚樹

どう考えてもおかしいやろ。政治家、自称リベラル、人権派、ワクチン礼賛……非常識に満ちたこの世界に、今こそ必要なのは「大いなる常識」だ。ベストセラー作家が振るう怒りの鉄拳！

1020
世帯年収1000万円
「勝ち組」家庭の残酷な真実
加藤梨里

タワマンや高級車なんてもってのほか！　カツカツの生活を耐えしのんだ先に待つのは「所得制限」と「老後不安」だった。「勝ち組」家庭のシビアなお金事情を徹底分析。

1021
歴史は予言する
片山杜秀

ローマ滅亡の裏に「少子化」、ウイグル美女が中華皇帝を倒す「幻の日本製オペラ」、ジャニーズ創業家と皇室の意外な関係――。教科書に載らない秘話から「この国の未来」が見える。

1022
令和の山口組
山川光彦

設立から約百年、最大の暴力団は近年、当局との激しいバトルと「暴排」社会、分裂劇など、内外ともに追い詰められている。大正から令和の現在まで、変遷の歴史と組織の全貌。

1023
親ガチャの哲学
戸谷洋志

人は生まれてくる時代も場所も、家庭環境も選べない。そうした生まれの偶然性をどう引き受けるのか。気鋭の哲学者が示す、格差と分断を乗り越えるための思考！